テレワーク　移住促進　インバウンド

日本一わかりやすい 地方創生の教科書

全く新しい45の新手法&新常識

鈴木信吾

「地方創生テレワークアワード 地方創生担当大臣賞」受賞
「テレワーク先駆者百選 総務大臣賞」受賞
株式会社イマクリエ代表取締役

東洋経済新報社

はじめに

約1万人の関係者と接してわかった「地方創生の最前線」でいま起きていること

2018年以降、日本全国を飛び回る生活が続いています。

東に**「市民にテレワークのノウハウを教えてほしい。リ・スキリングしてほしい」**という自治体からの要望があれば、行って行政主催の**テレワーク講座**を行い、西に**「廃校になった小学校の校舎をリノベーションしてサテライトオフィスをつくりたい」**という自治体の要望があれば、行って誘致する企業を探したり、女性や若者が好むオフィスをデザインしたり。

南に**「デジタルスキルはあるけれど、地方を離れることができない、このまま地元で働**

きたい」という人がいれば、リモートで面談してテレワークでできる都会の仕事を紹介し、北に**「地方にオフィスをつくって地方の課題解決をビジネスにしたい」**という企業があれば、その「強み」を聞いて適した自治体を紹介し、地元企業とつなげたり……。

ありがたいことに、まさにそんな**「東奔西走の日々」が続いています。**

弊社、「株式会社イマクリエ」が現在の日本の最大の課題ともいえる「地方創生」をビジネステーマのひとつとしてから、早くも7年が経とうとしています。

当初は、弊社の「強み」である**リモートワーク**を使って、「地方の人たちに東京の仕事を提供する」、または「地方のデジタル人材を集めて東京の企業の仕事を行う」というミッションでした。

ところが、２０２０年に国内で期せずして発生した新型コロナウィルス感染症の影響で、**リモートワークは国家的な課題となり、それまで培ってきた弊社のビジネススキルが、多くの自治体や企業から引く手あまたの状態になった**のです。

そうやって、気がつけば地方自治体の職員、関係者、地元の人々、関連企業の人たちといった「地方創生」のさまざまなプレーヤーたちと膝を交えて議論を交わし、一緒に仕事を行う日々となりました。**関わった関係者は、延べ1万人を超えました。**

すると、気づいたことがあります。

まず、**自治体の職員の多くが戸惑っている**こと。

彼ら彼女らは数年おきに職場が変わりますから、「地方創生」にまったく知識がない人が担当しているケースもあります。もちろんみなさん一生懸命地元のために働こうとしているのですが、**何をどうやっていいかわからない。**

「隣の芝生は青い」といいますが、周辺自治体の成功事例ばかりが目について、**自分たちの本当の課題が詳《つまび》らかになっていない。**

そういう**担当者と一緒に、「この自治体（地域）の強みは何なのだろう」「何を目指せばいいのだろう」と模索することも、私たちのミッション**となりました。

あるいは**「地方創生の最前線でいま起きていることは何なのか？」**を問われることもあります。

ことに**デジタル技術やネット技術に関して、地方の自治体では「五里霧中」という現実**もあります。

そういう担当者には、噛み砕いて現状を解説し、それを使いこなしていく道を一緒に模索していきます。

さらには役所内のデジタル環境の整備や働き方改革も含めて、私たちが直面しているのは、まさに**「日本の地方創生の表裏すべて」**と言っても過言ではない状態になったのです。

そういった自治体担当者との二人三脚の体験から生まれたのが、本書です。

ここに綴ったのは、**「日本一やさしい」**、そしてコロナ禍以前とは違った、**まったく新しい「地方創生の教科書」**です。

Ｑ＆Ａ形式で読みやすく、この一冊で**これからの地方創生の全容がわかります**。

- 地方創生に携わる人なら誰もが知りたいこと、誰もが疑問に思っていること
- これまでの地方創生の考え方とこれからの違い
- 「地方が誘致したい企業」の変化
- 若者や女性層の地元定着を狙うためのアイデア
- 地方を訪れるインバウンドの増やし方

このようなことを、**「45の疑問と答え」**にまとめ、**地方創生の最前線でいま起きていることのすべて**を、この一冊に詰め込みました。

地方創生は「日本創生」です。

人口は否応なく減少し、しばらくの間は高齢化も続く**これからの日本の未来は、まさに地方の創生にかかっています**。

そのために私たちは今日、この瞬間からどうしたらいいのか。

そのためのヒントを、本書を通して獲得していただけたらと思います。

厳しい戦いが続きますが、一緒に力を合わせて踏ん張っていきましょう。

鈴木信吾

［目次］

日本一わかりやすい地方創生の教科書

全く新しい45の新手法&新常識

はじめに　約1万人の関係者と接してわかった「地方創生の最前線」でいま起きていること　003

序章……「地方創生3・0」の時代がやってきた！

——10年後、あなたのまちが「人」「カネ」「仕事」「モノ」で溢れるために必要なすべて　019

第1章……まずはここが知りたい！地方創生、よくある10の疑問と答え
——具体的な成功事例から学ぼう！　035

「地方創生」最初にやるべきこと　037

Q01　「地方創生」への取り組みとして、最初に何から始めればいいですか？　037

「新しい産業」の創出 043

Q02 私たちのような田舎の自治体でも、本当に地方創生はできるのでしょうか？
これといった産業や観光資源がなく、可能性が見出せません……。 043

Q03 クラウドファンディングで地方創生の最初の資金集めに成功しても、
継続的な支援ができるか不安です……。 047

「新しい仕事」の創出 051

Q04 空家・廃校などを、企業とのコラボで持続可能な施設として
活用している例が知りたいです。 051

Q05 サテライトオフィスの誘致に空家や廃校を活用したいのですが、
地元民の賛同が得られるか心配です。 056

Q06 まちの歴史に根ざした地方創生がしたいです。そのような成功事例はありますか？ 061

人口流出対策・移住者支援 068

Q07 人口減少に歯止めがかかりません。
移住者を増やす、または人口流出を防ぐには、どうすればいいですか？ 068

企業誘致の方法 077

Q08 企業誘致には、どういった手順を踏めばいいでしょうか？ 077

Q09 「ないないづくし」の私たちのまちに進出してくれる企業は本当にありますか？
企業側の本音が知りたいです。 086

Q10 企業が手を組みやすい自治体には、どんな特徴がありますか？ 090

第2章……
自分たちに「強み」なんてあるの？ 何を改善すればいいの？
企業誘致で地域の「長所」と「課題」を
見える化する「4つのチェックポイント」 097

チェックポイント1 アクセス
「立地条件」「都心からの距離」など、アクセス条件には種類がある 101

Q11 都心からの距離はやっぱり近いほうがいいですか？ 101

Q12 都心からアクセスのいい自治体、悪い自治体では、地方創生の取り組みに違いがありますか？ 106

Q13 都心からのアクセス条件が悪くても、企業が「地方創生に前向きだ」と感じる自治体の特徴を教えてください。 109

Q14 僻地といわれるような場所でも地方創生の取り組みに前向きな自治体は、いったい何を具体的にやっているんでしょうか？ 112

Q15 都心からアクセスの悪い場所に、若者を呼び寄せるには、どうすればいいですか？ 116

チェックポイント② 人材
そのエリアで必要な人材が確保できるか 119

Q16 企業側が必要とする「デジタル人材」は、地方にも本当に存在しますか？ 119

チェックポイント③ 自治体のサポート体制
企業誘致をする場合、自治体はどのようにサポートすればよいか 122

Q17 まちの長所は十分アピールし、補助金制度も設けました。でも、なかなか進出してくれる企業が決まりません……。いったい、どうすればいいですか？ 122

Q 18 都会から企業を誘致するだけでなく、地元企業をサポートする地方創生のやり方はありますか？ 126

チェックポイント④ 地元産業とのコラボ
地元にはどんな産業があるか、企業とのコラボレーションができるか 130

Q 19 進出企業と地元企業との関係性をうまくつくるには、どうすればいいですか？ 130

Q 20 「地方創生3・0」の企業誘致には、どんな特徴がありますか？ 135

Q 21 「地方創生3・0」の企業誘致が失敗する原因は何でしょうか？ 141

コラム きめ細かいケアで、企業進出をサポート【熊本市の事例】 147

第3章……
「地方創生3・0」で求められる仕事は大きく変わった！
地方に仕事がどんどん生まれる「3つのポイント」がある！ 151

Q22 若者や女性たちが、まちを出て行かずに仕事ができる環境をつくれますか? 153

Q23 地方に人材がいても、都心にいる人のほうが、物理的な面でも、やはり仕事のスピードは速いですよね? 157

Q24 地方にも即戦力になる人材がいることはわかりました。でも費用を考えると、採用後のミスマッチなどの失敗は避けたいです。採用する前にできることはありますか? 159

Q25 現在就業していない女性が、もっと活躍できる場を増やしたいです。 162

Q26 テレワーク講座で学んだ市民に、どうやって仕事を結びつけたらいいですか? 164

Q27 テレワーカーには具体的にどんな種類がありますか? 170

Q28 「マネージャー型」のテレワーカーとは、具体的には、どんな仕事をしていますか? どうすればなれますか? 172

ケース1 鳥取県で家業の梨農家と兼業でテレワークをする細田正宗さん 173

Q29 「テレワークは場所を選ばない」ということですが、時差のある海外でもテレワークは実現できますか? 179

ケース② 海外でテレワークをする小林朋子さん 180

第4章……地域活性化のカギは「雇用創出」！
政府が推進する「リ・スキリング」の流れに乗り、「地方の人材力」を高める 189

Q30 政府が地方創生の目玉に掲げる「デジタル田園都市構想」の中で、強烈にプッシュされている「リ・スキリング」とは、どんなものですか？ 192

Q31 リ・スキリングを進めている自治体の具体的な取り組み事例を教えてください。 196

Q32 デジタル人材を養成するには、具体的にどんなリ・スキリング講座がおすすめですか？ 199

Q33 全国的にどんなリ・スキリング講座が人気ですか？ 203

Q34 政府のリ・スキリングの動きを受けて、今後どんな企業が地方進出してくる可能性がありますか？ 206

第5章……
インバウンド需要であなたのまちがガラリと変わる！
日本全国どこにでもチャンスがある！
「地方創生4.0」はSNSを最大限に活用するべし！
211

Q35 私たちのまちは有名観光地ではないので、インバウンド盛況のニュースを聞くたびに、引け目を感じます……。どうすれば観光客を呼べますか？ 214

Q36 外国人旅行者に日本の「田舎」が人気ということですが、何を「売り」にすれば、観光客は訪れてくれますか？ 218

Q37 海外でも人気の日本食ですが、これからの日本食のトレンドはどんなものがくるでしょうか？ 223

コラム　日本の「カレー」が「世界の伝統料理ランキング」第1位に！ 230

Q38 はじめて外国人と交流型の企画をするので、不安があります。失敗しないためには、どうしたらいいですか？ 231

Q39
インバウンド需要が見込めるコンテンツが思いつきません……。
歴史や食文化以外に、どんな体験型交流イベントが考えられますか？ 235

Q40
地方創生のスタッフに、ゲームやアニメなどの若者文化に詳しい人が少ないです。
どこか手を貸してくれるところはないでしょうか？ 239

Q41
ＳＮＳを使ってのインバウンド、国内観光客、移住者の獲得に成功している
自治体の「ＳＮＳ戦略」のポイントは何ですか？ 241

Q42
「移住者向け」のＳＮＳ戦略はどう立てればいいですか？ 248

Q43
「そこにしかない情報」をＳＮＳで発信し、
成功している具体的な事例を教えてください。 254

Q44
「インバウンド」を狙ったＳＮＳ戦略のポイントは？「国内向けＰＲ」と何が違うのですか？ 257

Q45
超高齢化、少子化、人口減少、過疎化……。
問題が山積みですが、これからの日本の地方創生に明るい未来は見出せますか？ 264

おわりに 268

序章

「地方創生3・0」の時代がやってきた！

——10年後、あなたのまちが「人」「カネ」「仕事」「モノ」で溢れるために必要なすべて

◆「地方創生3・0」の時代がやってきた

２０２３年、**東京ビッグサイトを埋め尽くした自治体、企業、人、人、人！**

「地方創生も**ここ数年でずいぶんとすそ野が広がり、プレーヤーも多種多様になってきた。『地方創生3・0』の時代**と言ってもいいかもしれない」

目の前に広がる光景を見て、私は思わずそう呟いていました。

それは２０２３年6月28日から30日の3日間、東京ビッグサイトで開催された「第6回地方創生エキスポ」でのこと（２０１８年に第1回開催）。

私たちも「株式会社イマクリエ」としてブースを出して参加したイベントなのですが、ここにあらわれた光景こそ、まさに日ごろ私たちが実感している**「地方創生ムーブメント」の大きな変化である「地方創生3・0」の到来**を象徴するものでした。

◆地域の課題を解決する多彩なサービス

このイベントのテーマは「〝地域の課題〟を解決するためのヒントが見つかるエキスポ」。

そこで展開されるコンテンツはじつに多彩でした。

・観光ＤＸ
・地方創生戦略コンサル
・地域の魅力発信
・インバウンド支援
・関係人口創出支援
・地産品の販路開拓

……などなど。
それぞれのテーマで、民間企業を中心にたくさんのブースが出されています。
また、会場の一角を占める自治体向けの「自治体ＤＸ展」では、

・DX・デジタル化支援
・「基幹系システムクラウド化」
・「情報セキュリティ」
・「デジタル人材支援」
・「システム標準化対策」

など、具体的なテーマに沿って民間企業がそれぞれのサービスを展示しています。

3日間の入場者数は約2万人（「自治体・公共Ｗｅｅｋ２０２３」全体）。

全国から自治体関係者も集まり、「地方創生」をテーマに活動する民間企業や団体の関係者たちも勢ぞろいした感があります。

このイベントが始まった２０１８年ごろは、自治体の関係者ばかりが目立って大企業以外は参加ブースもあまりなかったのですが、それと比べるとまさに**隔世の感**があります。

私たちもその一員として参加して、**今日の日本列島を突き動かす「地方創生」の大きなうねりを改めて感じるイベント**となりました。

◆大きな課題を抱えながら、国をあげての地方創生がスタート

私は日ごろから各地の自治体やさまざまな企業と一緒に地方をテーマにする仕事を手がけながら、**コロナ禍以降の地方創生の動きは、「第三期＝バージョン3・0」を迎えている**と考えています。

そこには次のような理由があります。

現在の日本が抱えている最大の課題のひとつである「地方創生」ですが、そのスタートは安倍晋三内閣が**「地方創生担当大臣」**というポストを新設した２０１４年にありました。

この年の国会で成立した「まち・ひと・しごと創生法」に基づく「まち・ひと・しごと創生本部」が内閣に設置され、**「まち・ひと・しごと創生長期ビジョン」**と**「まち・ひと・しごと創生総合戦略」**が閣議決定されました。

そのうえで全国の自治体には、５年単位の「まち・ひと・しごと創生総合戦略」をつくるように指示が出たのです。

このとき内閣が掲げた目標は、

- 稼ぐ地域をつくるとともに、安心して働けるようにする
- 地方とのつながりを築き、地方への新しいひとの流れをつくる
- 結婚・出産・子育ての希望をかなえる
- ひとが集う、安心して暮らすことができる魅力的な地域をつくる
- 多様な人材の活躍を推進する
- 新しい時代の流れを力にする

などです。

つまり地方での**「仕事の創生」と「地方分散型社会の創出」**、そして**「人口減少対策」がメインとなって「地方創生第一期＝バージョン1・0」がスタート**したのです。

◆それ以前の地方創生との違い

もちろんそれ以前から、（民主党が政権をとった時期などを除き）長く政府与党の座にあった自由民主党は、地方をテーマに数々の政策を立案してきました。

たとえば1970年代に**田中角栄内閣が掲げた「日本列島改造論」**に象徴されるように、

地方の農村をいかに発展させるかを大きな政治課題としてきました。

大平正芳内閣の「田園都市国家構想」しかり、竹下登内閣の「ふるさと創生一億円事業」しかり、その時代に応じた数々の政策が立てられてきたのです。

けれど、それらと2014年に始まった「まち・ひと・しごと創生総合戦略」は、根本的に違う点がありました。

その違いは、その戦略の前文に書かれている言葉で明らかです。

「人口急減・超高齢化という我が国が直面する大きな課題に対し、（中略）人口減少を克服し、将来にわたって成長力を確保し、『活力ある日本社会』を維持するため～」

つまり、それ以前の政策が生まれた時代は、**「人口増加、経済成長」**のトレンドにあったのです。

ところが同年、安倍内閣が直面したのは、**「人口減少、超高齢化、経済衰退」**という、**国家の基盤そのものの大きな揺らぎ**でした。そのうえで**地方の疲弊が激しく、若者の流出も止まらない。**

つまり、安倍内閣が掲げた「まち・ひと・しごと創生総合戦略」は、それが成功しなかったらこの国は滅んでしまうという、**「大いなる危機感」**をベースにしているのです。

それが、過去の内閣が掲げた地方戦略との大きな違いでした。

そして２０１５年に全国の自治体がつくった「総合戦略」が5年たち、２０２０年には第二期総合計画が課せられました。

ここからが、**「地方創生第二期＝バージョン2・0」**のスタートになったのです。

◆コロナ禍で「地方創生第三期」が幕を開けた

ところが――。

全国の自治体が地方創生第二期のスタートを切ったその瞬間に、世界は一瞬にして凍りつきました。

あの**「新型コロナウイルス感染症」**がやってきたのです。

２０２０年からの3年間、世界中の人々はこのウイルスに翻弄されました。

誰の記憶にも新しいはずですが、日本国内でも数度にわたる外出制限が出され、飲食業やエンタテインメント業界などの営業自粛が行われました。

地方自治体も人々の移動や野外での活動が禁止されて、**「もはや地方創生どころではな**

い」という状況になったのです。

全国の自治体でも、せっかくまとめた総合戦略が役に立たなくなって、各地であきらめの声があがっていたはずです。

けれど私は、**このときにこそ「地方創生第三期」は幕を開けていたのではないか**と考えます。

じつはコロナ禍というピンチの中で、**地方にはそれまでの二期にはなかった「新たなチャンス」が芽吹いていた**からです。

◆コロナ禍で生まれた「新たなチャンス」がある

①「デジタル技術」の威力が鮮明化した

ひとつは、**「デジタル技術」の威力が鮮明化したこと**です。

人々はコロナ禍により対面でのコミュニケーションができなくなり、デジタル技術を使ってのテレワークが日常化されました。折から岸田文雄内閣も「デジタル田園都市国家構想」を掲げましたから、余計にデジタルに注目が集まりました。

多くの人が必死の思いでデジタル技術にすがり、その結果、自分と相手がどこにいようとも**距離や場所に関係なくコミュニケーションがとれるという「メリット」を享受できる**

ようになりました。

これはある意味で、**全国各地の自治体を奮い立たせる出来事だった**と思います。

それまでは、東京からの距離が離れているから、視察や会議のたびに時間をかけて東京まで出かけていかないといけなかったし、逆に都会から人に来てもらうには、それだけで大変なコストをかけないといけなかったのです。

けれど、**テレワークが日常的になれば、距離のハンディを考えなくて済む**――。

全国の地方都市は、そういう「環境」を手に入れたのです。

②「脱都会」がより鮮明になった

もうひとつは、人々の行動や思考にも変化があらわれたことです。

コロナ禍以前は、すべて**「東京一極集中」が当たり前**でした。

ヒト・モノ・カネ・情報は全国各地から一度東京に集められて、そこからシャワー効果で地方に振りまかれる。それが日本の国づくりであり、基本的なありようだったのです。

けれどコロナ禍により、それにも変化が見られました。

「人が過剰に集まる東京にはいたくない」

「テレワークができるなら、地方で働きたいし暮らしたい」

そう考える人が増えたのです。

そしてテレワークを前提に、「社員は全国どこに住んでもいい」「東京本社への出社は出張扱いにする」という企業も出てきました。

それまで地方に移住するなら転職することが当たり前でしたが、**テレワークによって「転職なき移住」も可能になった**のです。

そのことで、**人の流れと意識が「地方へ」と逆流しはじめました。**

◆企業にも変化が生まれている

多くの企業にもまた変化がありました。コロナ禍による地方分散傾向により、

「働く環境を東京に置くことにこだわらなくてもいいのでは」

「地方にサテライトオフィスをもってもいいのではないか」

「地方の課題解決をビジネスにしてもいいのではないか」

「社員の生活環境や子育て環境を考えて、積極的に地方に出て行こう」

そういう企業が増えてきたのです。

もちろん、２０２３年になってコロナ禍が収まったことで多少の揺り戻しはありますが、

一度外に向かった流れは完全には止まりません。

コロナ禍での3年間に学んだこと、体験したことを今後に活かしていこうとする人も企業も、少なくないボリュームで存在しています。

その大きなうねりを見て、私は**「地方創生第三期＝バージョン3・0」の到来**だと考えているのです。

◆「地方創生3・0」では、多種多様なプレーヤーが登場してきた

もうひとつ、特筆すべきコロナ禍での「第三期」の特徴は、地方創生の動きに**「デジタルの力」が加わったことにより、そのプレーヤーが多種多様に広がったこと**です。

冒頭に記した東京ビッグサイトでの「エキスポ」の光景は、まさにその象徴です。

デジタル技術という「大きな幹」ができたことで地方創生の中身は多彩に枝分かれし、大企業だけでなく、中小企業もこぞって地方の課題解決をビジネスとして扱うようになりました。

後述するように、私たちの会社も現在では地方をビジネスの大きなテーマにしています。

弊社がはじめて地方の課題をビジネスとして取り扱ったのは２０１８年のこと。

そこから少しずつ自治体とのビジネスが増え、２０２０年を境に地方創生を弊社のビジネスの柱のひとつに掲げるまでになりました。

そこには、後述するように、得意とする**「テレワークによるビジネスの創出」**が、まさに**若者の流出を防ぎたい地方自治体の「切り札」になる**という発見がありました。

自分たちでも当初は思いもよらなかったことなのですが、

「市民に対してテレワークのスキルを身につける講座を開いてほしい」

「テレワークをベースに企業誘致を進めてほしい」

などのオーダーが、自治体から次々と舞い込んできたのです。

私たちは地方創生第三期のプレーヤーの一員として、得意とするテレワークを切り札に参加することとしました。

◆企業誘致に起きている「大きな変化」とは？

また、**地方自治体の企業誘致の動きにも変化**があります。

これまでは、都会から企業を誘致するために、自治体は工業団地を造成して製造業の大企業を迎え入れることにやっきでした。

大規模な工場が来れば大きな雇用が生まれる。税収も上がる。労働者の転入によって人口減少もおさえられる。そういうメリットがあったのです。

ところが昨今では、これにも大きな変化があらわれています。

本書にも書きますが、各自治体の担当者が言うのは、**企業誘致の大きなテーマは、「若者と女性が好む業種の企業に来てほしい」**ということ。

つまり、

「規模の大きな製造業の工場が来ても、若者や女性層はその仕事を好まない。そこで働くよりも都会がいいといってまちを出て行ってしまう。それでは企業誘致の意味がない」

「むしろ誘致するなら**規模は小さくてもいいから、若者や女性層が好むＩＴ産業やサービス業などに来てほしい**。そうでないと、この層の流出防止につながらない」

とはっきりと言うのです。

これも、地方創生第三期の大きな特徴だと思います。

各自治体では、急激な人口減少のトレンドの中で、人口（出生数）を増やすのは難しいと覚悟しています。

けれど、我がまちで生まれ育った若者の都会への流出は防ぎたい。次代を産む女性層には我がまちに留まってほしい。若者や女性層の流出を少しでも減らしたい。

この2つの層をなんとか故郷に留まらせたいという目標が、企業誘致においても大きなテーマになってきているのです。

◆全国の自治体から上がる「悲鳴」に対する「3つの答え」

全国の自治体からは、相変わらず以下のような悲鳴が聞こえてきます。

「大学に進学するために**まちを出て行った若者が帰って来ない**」

「少子化もあって労働力人口（15歳以上＋就業者と完全失業者）はどんどん減少して、まちは高齢者ばかりになってしまう」

「まちには仕事はあっても、**若者が魅力を感じる仕事がない**。これでは若者をこのまちに引き止めることができない」

「20代から40代の女性層の流出が激しい。このままでは若い世代の女性がまちからいなくなってしまう」……などです。

この悲鳴に対して、我が社が掲げたのが、**「地方創生第三期の3つの大きな柱」**です。

①「デジタルの力」を使って、若者や女性層が好む仕事を地方にもってくる
②地方の魅力を「デジタルで発信」する
③「テレワーク」を使って、「仕事を創出」する

「デジタルの力」を使えば、地方創生にはまだまだ可能性が山ほどあります。

そしてこれからは、**「地方創生4・0」**の時代になります。

本書では、そのムーブメントに乗り遅れまいとする自治体や企業、団体のみなさんに向けて、私たちの体験をもとにそのポイントを語っていこうと思います。

また、多くの先行事例を紹介しますので、自分たちが目の前の壁をどう乗り越えたらいいのか、その解決のアイデアを膨らませてください。

第1章

まずはここが知りたい！
地方創生、よくある
10の疑問と答え

——具体的な成功事例から学ぼう！

序章でも述べたように、日本の「地方創生」の歩みの第一期は、安倍内閣時代の２０１４年に始まっています。

このとき政府は「まち・ひと・しごと創生総合戦略」をつくり、全国の自治体に指令を出して、そのまちなりの「地方創生」への歩みが始まりました。

政府としては、人口減少を克服して、**「活力ある日本社会」**を維持するために、

①地方における安定した雇用を創出する
②地方への新しいひとの流れをつくる
③若い世代の結婚・出産・子育ての希望をかなえる
④時代に合った地域をつくり、安心なくらしを守るとともに、地域と地域を連携する

この４つを基本目標として定めました。

これを受けて、各自治体が２０１５年に一期５カ年計画をつくり、それぞれの目標を定めたのです。

問題は、この第一期の５カ年計画が終了した２０２３年時点でも、各自治体ともに人口減少に歯止めがかからず、人口増加には転じない、若者たちのふるさと離れはますます進

展して、「東京一極集中」が加速してしまう状況にあることです。

「これ以上、何をどうしていいかわからない――」

全国の自治体の多くの担当者は、そう思っているはずです。

第1章では、**私が全国の自治体担当者からよく受ける10の質問**を取り上げ、具体的な事例を交えながら解説していきましょう。

「地方創生」最初にやるべきこと

Question 01

Q 「地方創生」への取り組みとして、最初に何から始めればいいですか？

A まずは現状把握と、問題の原因を分析しましょう。

「何からやればいいのか?」という疑問は、全国の自治体の担当者がもっています。

ここではテレワークを使った事業を提案し、これを実践したことで2022年度に「地方創生テレワークアワード 地方創生担当大臣賞」を受賞した石川県羽咋《はくい》市を例にあげてみましょう。

◆「優秀な学力」が思わぬ人口流出の原因に

同市は「女性に魅力あるまちづくり」を目標に掲げていました。

羽咋市総務部地域振興室地域振興・協働推進係長の見附敦史さんが地方創生を担当するこのポジションについたのは、令和元年度(2019年度)のこと。

2015年につくられた第一期の「まち・ひと・しごと創生総合戦略」が5年で終わるので、1年間かけて第二期の計画をつくるのが仕事でした。

当時は何をどう考えればいいのか、頭の中は白紙だったといいます。

そして考えた結果、このような方針を導き出しました。

①「まちづくりの指針」というような大きなテーマを考えるときには、行政だけでは仕事ができない。**官民連繫や広域自治体間の連繫が必要**になる

②前任者の考えをブラッシュアップすることはあっても、前任者からの引き継ぎはないと考える。**社会の流れをよく読み、一からアイデアを考える**
③羽咋市の**現状を再度検証し、「事実」を確かめる**
④市民にアンケートをとって、**市民の意向を聞く**

③の事実検証を行った結果、15歳から49歳までの女性層、その中でも20歳から29歳の女性層が男性の1・4倍も市外に流出していることがわかりました。

その理由としてあげられたのは、「全国一の学力」という皮肉なデータでした。

じつは羽咋市の学力は非常に優れていて、小学校と中学校の学力は石川県が全国1位、その中でも羽咋市はトップです。

この学力をもつ若者たちが大学進学のために首都圏に出て、そのまま就職、結婚してしまって羽咋市に戻ってこないということが予想されました。

データからも20歳から29歳の男性の転出は119人、女性は162人。この世代の約16%が流出してしまっており、さらに深刻化することが懸念されます。

ここが**「まちづくり」のポイント**であると考えたのです。

◆女性を対象とした「テレワークセミナー」

そこで羽咋市では、第二期「まち・ひと・しごと創生総合戦略」の１番目に、「女性に魅力あるまちづくり」を掲げました。

２番目に「ＡＩ・ＩｏＴを取り入れたまちづくり」、３番目に「持続可能なまちづくり」としました。

そしてこの計画ができたタイミングで、弊社との出会いがあったのですが、そこで私たちがした提案は、

「女性を対象にテレワークのセミナーを開く」

というものでした。

テレワークを使って都会の仕事を得て地元で働くことができれば、女性層の流出を防ぐことができます。

そこで、就業に結びつけられる女性のテレワークの支援事業という企画で、令和３年度（２０２１年度）から実施することになりました。

ここでの私たちの提案のポイントは、**セミナーを開催するだけでなく、セミナー後も受講者一人ひとりに寄り添って、就業先の案内にも個別対応する**という点でした。

羽咋市の目的は、女性層が就業できて羽咋市に残ってくれる、あるいは同市に戻ってきて定住してくれるということですから、そこまで対応してくれる民間企業との出会いが必要だったのです。

◆「テレワーカー」と「地元企業」をつなぐ

また、この講座の受講生を地元の企業に紹介して、**地元の就業につなげる**というアイデアもあがりました。

地元企業も人手不足に悩んでいますから、テレワークでの人材獲得ができれば、市民テレワーカーと地元事業者がＷｉｎ－Ｗｉｎで結ばれます。

このような経緯を経て、羽咋市ではテレワークを使った地方創生の取り組みが始まりました。「学力全国1位」という輝かしい実績が「若者層の流出」につながるという皮肉な特徴を逆手にとって、テレワークという切り札を使った取り組みを始めたのです。

このように、各自治体の地方創生の取り組みは、

・自治体の事実を検証する
・地方疲弊の根本原因を見極める
・自分たちの目的に沿った民間企業と手を組む

といったプロセスを経て、一歩前に進むことができるはずなのです。

石川県羽咋市に学ぶ、「地方創生で最初にすべき3つの取り組み」

①地方創生の取り組みを考えるには、行政だけで考えない

民間企業との協働や自治体の広域連繋を考えることで、アイデアや取り組みの幅が広がります。

②足元の「事実」を確かめる

自分たちの自治体の今日的なデータ、5年後、10年後、30年後の予想データを確認することで、具体的な一歩が決まります。

③「地方疲弊の根本原因」を見極めて対応する

「自治体を蝕んでいる原因は何なのか？」「何に対処すれば状況は変わるのか？」を見極めましょう。

「新しい産業」の創出

Question 02

私たちのような田舎の自治体でも、本当に地方創生はできるのでしょうか？これといった産業や観光資源がなく、可能性が見出せません……。

A

まずはクラウドファンディングで市場の反響を探ってみましょう。意外なところにニーズがあるかもしれません。

都会から遠い、交通が不便、特徴のある産業がない、観光資源も何もない――。

日本にあるのは、そんな**「ないないづくしの地方自治体」ばかり**です。

だからといって、そんな自治体が地方創生をあきらめてしまったら、そもそもこの国の持続可能性はなくなってしまいます。

何ひとつ特徴のない地方自治体にも、地方創生の可能性はあるのか？

それに対して、自信をもって「ある」と答える企業の経営者がいます。

それが、「株式会社マクアケ」です。

◆大切なのは地方の「可能性」に気づくこと――「株式会社マクアケ」の例

株式会社マクアケは、クラウドファンディングの仕組みをアップデートした応援購入サービス「Ｍａｋｕａｋｅ」を運営している会社です。事業者は、まだ市場にデビューする前の、プロトタイプとして生まれたばかりの新しい商品、新しいサービス、新しい店舗などを「Ｍａｋｕａｋｅ」に掲載することで、マーケットの反応を確かめるテストマーケティングや、作り手のストーリーへの共感度が高い初期顧客の獲得ができます。

ビューアーはサイトで新商品やサービス、プロジェクトを見て、それを気に入ったり、賛同したりすれば「応援購入」として、商品やサービスの体験権・会員権などを購入します。「地域活性化」や「社会貢献」などのカテゴリもあります。

このサイトを使えば、生産者側は新商品がプロトタイプの段階で市場からどれくらいの反響があるかを見極めることができます。

応援購入が多ければ、その商品やサービスには市場のニーズがあるということ。

生産者は自信をもって製造を進めて、それを市場に送り出すことができます。

反対に応援購入が集まらなければ、その商品（サービス）は市場に受け入れてもらえない可能性が高いということです。その段階で生産をストップすれば、プロトタイプの生産コストだけで済み、過剰投資になりません。

また応援購入で集まった資金は、それらの商品（サービス）を量産するための設備投資や人件費に充てることができます。

つまり**トータルで見ると、少ない資金と高い確率で新商品を市場に送り出すことができる**のです。

◆日本の「地方」がもつポテンシャルは計り知れない

株式会社マクアケの代表取締役社長、中山亮太郎氏は当初、東京の会社がヘビーユーザーになるだろうと思っていました。新しいことを仕掛けるのは東京の人が多いだろうし、ネット系のベンチャーは渋谷などに集まっているからです。

ところが蓋を開けてみると、優秀なメーカーや第一次産品の生産会社があるのは地方ばかり。

冷静に考えると、都会で人気となる商品のほとんどは地方でつくられています。

それに気づき、地方を見直すきっかけになったといいます。

このチャレンジを求めて、全国各地の企業から新商品や新サービスが「Ｍａｋｕａｋｅ」に集まってきます。

その傾向を見ていると、**「地方こそヒット商品が生まれてくる可能性が高い」**と、中山氏は言います。

地方には跡継ぎ経営者が多く、都会の大学や企業で学んで里帰りした人は情報感度が高い。また、地方のメーカーは大企業の下請けを担っているところが多く、技術力や生産力があります。

ところが、地方はＢｔｏＢ向けのビジネスは得意だったけれど、ＢｔｏＣのビジネス（コンシューマー向け商品開発）には不得手。その経験値もなかったし、市場との距離も離れていて、新商品を市場に送り出す勇気もなかったのです。

そこに「Ｍａｋｕａｋｅ」という新しいビジネスモデルが登場したことで、**地方のメーカーにもBtoCビジネスのチャンスが広がった**のです。

いままで地方に眠っていた新商品やサービスのアイデアが、「Makuake」との出会いによって花開いたことになります。

Question 03

Q　クラウドファンディングで地方創生の最初の資金集めに成功しても、継続的な支援ができるか不安です……。

A　地元企業と金融機関との連繫を深め、ネット上で市場価値を測りながら、さらなるヒット商品を生み出す取り組みをしていきましょう。

さらにマクアケが、地方企業との結びつきを強めるために手がけた工夫があります。

それは、**「地方の金融機関との連繫を深める」**ことです。

そのきっかけは、岐阜県関市にある刃物や工業部品などをつくっている金属加工メーカーを、岐阜信用金庫がマクアケに紹介したことでした。

なぜ地元の金融機関が取引先を紹介してきたのかというと、新商品を「Ｍａｋｕａｋｅ」で先行販売してみて、それが好評ならこの企業への与信枠を広げることができるというのです。商品が市場で好評だとわかれば、融資がつけやすくなるということです。

つまり地元の金融機関にしてみると、顧客である地元のメーカーがＢｔｏＣ商品を開発しても、それがどれだけ売れるのか自分たちだけではジャッジできず、顧客が希望するだけの融資をつけることができません。

ところが「Ｍａｋｕａｋｅ」で先行販売してそれが好評なら（応援購入が多ければ）、ある程度売り上げを見込めますから、与信枠を広げる判断ができます。

つまり**地元の生産者と金融機関と、「Win-Win」の関係ができる**のです。

この岐阜県関市のメーカーの場合、新商品の評判がよく、「応援購入」も希望額まで達成したことで、信用金庫も融資枠を広げる判断ができたのです。

ヒット商品も誕生しやすくなるでしょう。

地元メーカーと金融機関のタッグが組めれば、地方では強力なプロダクトとなります。

見事な地方創生の流れの誕生です。

◆「クラウドファンディング」に地方自治体の補助金を活用

さらにマクアケは地方自治体ともタッグを組み、連携協定を結ぶ動きも行っています。第一号は徳島市。女性市長が誕生し、女性・若者活躍支援の一環として市内の女性経営者向けのセミナーの実施や地元企業への「Ｍａｋｕａｋｅ」のアドバイス的なサポートを始めています。

また、熊本市は地元企業が「Ｍａｋｕａｋｅ」を使うときの補助金を出しています。神戸市、佐賀市などもマクアケとの協定を結びました。

また、マクアケ自身も、地方での拠点をつくりはじめました。

地方拠点でイベント商談会やセミナーなどを開催し、地元の自治体や金融機関との連携も深めていきたいという意志のあらわれです。

先に記したように、マクアケはその誕生時には「地方創生」とはまったく関係のないクラウドファンディングの会社だったのですが、そこに集まる出品者（チャレンジャー）たちが新たな事業創出に取り組む地方の企業だったことがきっかけとなり、結果的に**地方創生の動きに寄り添うようになった**のです。

このように、**「何もない」と自ら語る地方自治体にも、ＢｔｏＣのビジネスに活路を見出そうとしている企業はある**はずです。

そういう企業が「Ｍａｋｕａｋｅ」のような新しいビジネスモデルを使うことで、市場に対して新商品を投入する。それに対して地元の金融機関や自治体がバックアップしていく。そんな**「オール地元」**の体制がつくれれば、そこからヒット商品が生まれて経済が活況を呈する可能性が生まれてきます。

つまり**地方創生は、アイデアと工夫次第で全国至るところにチャンスがある**のです。

クラウドファンディングを活用した地方創生「3つの取り組み」

①地元の生産者×最新のビジネスモデルの組み合わせを考える

地方にいても、都会のマーケットに直結する新しいビジネスモデルができています。
それを利用して地場産業を盛り上げましょう。

②金融機関と自治体もタッグを組んでヒット商品づくりにチャレンジする

地元金融機関はお金だけでなく情報も人脈ももっています。
その力を上手に使ってＷｉｎ－Ｗｉｎの関係を築きましょう。

③そこから雇用や経済的なメリットを生み出す

地元からヒット商品が生まれたら、経済だけでなく雇用人口にも観光人口にもつなげましょう。

「新しい仕事」の創出

Question 04

空家・廃校などを、企業とのコラボで持続可能な施設として活用している例が知りたいです。

A

全国の廃校を再生利用した「おかえり集学校プロジェクト」を紹介します。

全国的に課題となっている、統廃合した小中学校の校舎の再利用。そこに着目して自治体と交渉して校舎を借り、本業である**ＩＴ機器リサイクルのサテラ**

イトオフィス兼地元の人々のＩＴ活動拠点、地域のセンターをつくり、人の集まる施設として地域の活性化に一役買っている企業があります。

本業では企業や官公庁から中古のパソコンなどを買い取り、自社工場で修理して家電量販店や専門の小売店に卸すビジネスを展開している「リングロー株式会社」。

なぜその企業が、全国の廃校舎を利用したプロジェクトを手がけることになったのでしょうか。

◆中古パソコンビジネスから、地域活性化の拠点開発へ

リングロー株式会社は、２０１７年に廃校を利用した**「おかえり集学校プロジェクト」**を始め、その取り組みは**現在全国28カ所に広がっています**。

プロジェクトが生まれたきっかけには、代表である碇敏之氏のある想いがあったといいます。

碇氏は、もともと中古のパソコンなどを扱うビジネスを展開していて、当初から**「全国のお客さまに商品を安心安全に届けたい」**と考えていました。

地方にも販売店は増えたのですが、やはり商圏がしっかりした地方の大都市に集中して

います。

「どうすればもっと周辺部にもネットワークができるか」と考えたときに、**「全国で増えている廃校を再利用したらどうか」**と思い至ったのだそうです。

そもそも小中学校はある意味「地域のセンター」であり、誰でもその存在を知っている場所。そういう建物が放置されているのはもったいないという気持ちもありました。

ところが当初は、関東圏の約40の自治体と交渉しても、無料で貸してくれるところはひとつもありませんでした。

このプロジェクトの実績がなかったのですから、それも当然です。

そんなとき、このプロジェクトのことを知った山形県舟形町の町長が賛同して、貸し出しに応じてくれたのです。

もちろん、碇氏も地元の人への説明会を何度も開いて説得に当たりました。

そして17年の春に無事**「長沢集学校」**としてオープンすることができました。

◆「集学校」というネーミングに込められた想い

小中学校はもともと地元の人にとっては愛着のあるなじみ深い場所です。

碇氏はそこに**「再び人が集まること」**をイメージしたいと思い、「小学校」「中学校」に近い響きの耳なじみのいい名前にしたいと思っていました。

そこで、再びここがまちの中心になるという思いを込めて**「おかえり集学校プロジェクト」**という名称が生まれました。

◆コロナ禍でいっきに需要が高まり、雇用創出も

じつは２０１７年に最初の集学校がオープンしてから、18年、19年としばらくは需要が伸びませんでした。

ところが、２０２０年になってから開校がぐっと増加したのです。

それはコロナ禍の影響でした。

世の中でＤＸ（デジタルトランスフォーメーション）のニーズがいっきに高まりはじめ、**「廃校を使って地域のデジタル化が図れるなら一石二鳥だ」**ということで、自治体からの問い合わせが急増したのです。

最初に開校した**山形県舟形町では、「デジタルファースト推進室」をつくってDX化に特化する政策も打ち出しました。**

もちろんこの流れは都会に比べたら地方の自治体は遅れていたのですが、のんきに構え

ていた自治体も、**コロナ禍でDX化をやらざるを得なくなった**ということだと思います。

そんなこともあり、２０２０年には4校、21年には3校、22年には12校、23年には9校がオープンしました。

もちろんデジタルやＩＴの世界がリングローの本業ですから、**ＩＴやパソコン、スマホなどの無料相談室**や、**デジタル機器の回収ボックス、ハイスペックなゲーミングPCを装備した部屋**など、**「地元の人たちが気軽に相談できるベースキャンプ」「ＩＴ（情報通信技術）と人々がつながる交流拠点」**としての機能もしっかりとそろえています。

そしてこれら**本業の運営スタッフも、ほとんど現地の人でまかなっています。**

つまり、ここに**雇用が生まれる**のです。

◆住民のオリジナリティを盛り込んだ、地域の憩いの場に

各校の運営は、その地域の人たちの思いを取り込んだオリジナリティ溢れるものでした。

利用方法は常連さんたちの希望を取り入れているため、各校さまざま。

飲み会をやってもいいし、カラオケルームもある。飲食の持ち込みもありです。

親子連れが楽しめる室内遊具場もあるし、学校が元気だったころの写真や卒業アルバム、

文集などを集めて展示する**「古部屋」**という場所をつくった学校もあります。
また、セミナーや講座を開く賃貸教室を**「職in室」**という名前で貸しているところもあります。

個人事業主の短期営業所としてもいいし、長期間利用できるオフィスにもなる施設です。

地元の夏祭りや学校の開校記念イベント、地元のアーティストによる芸術祭など、**さまざまなイベントも行われています**。

このように、最初は中古パソコンの販売拠点のひとつだった場所が、**住民が思い思いに楽しめる地域活性化の拠点となった**のです。

Question 05

サテライトオフィスの誘致に空家や廃校を活用したいのですが、地元民の賛同が得られるか心配です。

A

すぐに賛同を得ることは難しいかもしれません。地元の人たちに丁寧に説明をしながら、時間をかけて交渉していきましょう。

企業からサテライトオフィスや地方創生に有益な話がきたとしても、**すぐに地元民の賛同を得ることは難しいかもしれません**。**地方にはその土地に根付いた慣習や文化があり、新しい人や企業を招くことに抵抗がある場合も多い**のです。

先ほど紹介した「おかえり集学校プロジェクト」の例を見てみましょう。

◆5年をかけて、地域になくてはならない大切な場所に

プロジェクトの発起人、リングロー株式会社の碇社長は、山形県舟形町の長沢集学校の「5周年感謝祭」のとき、とある地元の人から「ごめんね」と謝られたことがあったそうです。

何かと思ったら、その人は当初、**集学校の開設に反対していた**というのです。

ところが5年経ってみて、この施設が地域になくてはならない大切な場所になった。だから「当初は反対してごめんなさい」と謝ってくれたのです。

小さなまちには首長の反対派もいるし、最初は何が始まるのかわからないわけですから、不安に思う人がいても仕方ないと思います。

でも5年かけて理解してくれたことがとてもうれしく、「がんばってやってきてよかった」と勇気づけられたといいます。

現在では、**地元の高齢者から小中学生たちまでに愛される場所**となっています。

◆自由度の高い働き方で全国に雇用を生み出す

では、各校の運営はどのように行っているのでしょうか。

基本的に集学校のスタッフは地元雇用です。

現在このプロジェクトは分社化していますが、本社と同じレベルで採用した人が全国で約60名います。

比較的多いのは30～40代の主婦で、家事や子育ての空き時間に働きたいとか、親の介護があるときは出社できないからほかのみんなでカバーするとか、**自由度の高い働き方**です。

運営費としては、**国が地方のＤＸ化にさまざまな補助金や助成金制度を設けている**ので、それを自治体に獲得してもらって仕事を受託するというケースが多くあります。

◆「おかえり集学校プロジェクト」が本業との相乗効果を生む

前述したように、地方にプロジェクトを立ち上げるには大変なエネルギーが必要です。

ただ、本業へもいい影響があります。

碇氏によると、リングローの場合、集学校をとおして**自治体や地域の企業との関係が深まる**ので、役場、学校、病院、工場などの古くなったＰＣの買い取りや入れ換えニーズなども増えてきたといいます。

また、**同社から各自治体への「地域活性化企業人」の派遣も、大幅に増える見込み**です。

現在は２つの自治体にそれぞれ１名を派遣していますが、今後予定している自治体は十数カ所（約10名）にのぼります。

この制度に選ばれると、役場内に席がもらえて週に３日間は着任することになるので、役場内にＤＸ化をどんどん提案してビジネスを広げられます。

縦割り行政の中でトップダウンで横断的に動けるので、ビジネスとしての広がりも大きいそうです。

もともと同社は**「じゃない仕事」**を専門にしてきました。

リユースのPCなんて「売れるわけない」と思われていたものを扱ってきたので、**廃校の活用も同じベクトルにある**と碇社長はいいます。

さらに、今後は弊社イマクリエが展開する**「リ・スキリング講座」を自治体と組んで集学校で行う**ことも増えるかもしれません。

いままでは公民館や役場の会議室などで講座を行っていましたが、**地域の学校は人々にとってもなじみやすい場所であり、学ぶ環境として適している**はずです。

◆全国の首長と「IT地域活性化連絡協議会」を設置

碇社長は北海道の八雲町の生まれ。以前から過疎や少子高齢化が進む故郷のことが気になっていたといいます。

それも、この事業を展開するモチベーションのひとつであることは間違いないでしょう。

また風来坊的な一面もあり、いまでも車に寝袋を積み込んで、2~3カ月間各地で釣りをしながら全国を周り、地方の人と膝を交えて話したり、酒を酌み交わすことも多いとか。

そういった**人間的な付き合いも、地域に受け入れられる要因のひとつ**なのかもしれません。

最近は全国の首長を集めて**「ＩＴ地域活性化連絡協議会」**をつくり、その事務局長として全国の自治体のＩＴ化・ＤＸ化の流れを取りまとめてもいます。

集学校は、その拠点としても機能していく予定だそうです。

かつて**地域のセンターだった小中学校が、「集学校」として生まれ変わり、再び人々が集う拠点になる。**

そんな**夢のあるプロジェクトが全国で展開**されています。

Question 06

Q まちの歴史に根ざした地方創生がしたいです。そのような成功事例はありますか？

A 宇部市の「ときわ公園実証フィールド活用プロジェクト」があります。

宇部市ホームページより

「地方創生」は、**地元民の賛同を得て、はじめて実現**します。

さらにいうと、その土地に住む人の賛同が得られなければ、地方創生は成功しないのです。

ここでは、まちの歴史に関わりのある公園を活用したプロジェクトに、多くの企業の参加が実現した事例を紹介します。

◆市民の憩いの場「ときわ公園」を活用し、新たなビジネスの創出を

山口県宇部市のパイロット・プロジェクトに、**「ときわ公園実証フィールド活用プロジェクト」（ときわ公園チャレンジ、愛称「ときチャレ」）**があります。

市内にある市民の憩いの場である「ときわ公園」を使って、新たなビジネスの創出に向け、チャレンジングな実証実験を行うプロジェクトです。

ときわ公園は、外周約6キロの園路があり、平日でも市民を中心に２０００人前後の利用があります。野外彫刻も展示されています。

また、**2年に1度「UBEビエンナーレ（現代日本彫刻展）」が開催され、園内外には多数の野外彫刻が展示されています。ベネチア、サンパウロと並び、世界で最も歴史ある野外彫刻の国際コンクールとして知られており、アートによるまちづくりの歴史があります。**

令和4年度（２０２２年度）には「ときチャレ」に、約80社の応募がありました。その中から2回の審査を経て4社が選ばれ、宇部市としては４００万円の支援金でそれぞれの事業をサポートしました。

◆予想以上の結果を生み出したプロジェクト「3つの特徴」

自治体担当の弘中秀治さんが驚くほど**予想以上の応募数**だったのには、次のような**3つの特徴が功を奏した**のかもしれません。

①参加は地元企業に限らない

ひとつめは、**参加は地元企業に限らない**としたこと。

同じような事業を行っている自治体では地元企業に限定しているところが多いですが、宇部市では、地元企業や大学・高専などとの連携という制限はあるものの、より多くの企業に参加してもらえるよう工夫していました。

その結果が、全国から約80社の応募だったのです。

②すぐにビジネス化して利益を出さなくてもいい

2つめには、このプロジェクトはあくまでも「実証実験」の場として設定されていて、**すぐにビジネス化して利益を出さなくてもいい**という、縛りのない条件だったことも大きな魅力です。

あくまでもチャレンジングな取り組みならオーケーで、いろいろな市民に対して「宇部市は新しいことを始めている」というイメージが定着すればよしとしているのです。

③市民の憩いの場である「ときわ公園」を舞台にして行われた

3つめは、すでに述べたようにこのプロジェクトは市民の憩いの場である「ときわ公園」を舞台にして行われるということ。

こういうビジネス的な要素がまったくない公園に成長産業を入れるとどう変わるのか——そしてその変化は、**宇部市が成長産業に取り組むことの格好のアピールになるのではないか**、という市長の考えから、ときわ公園を舞台に新しい取り組みを知ってもらおうというアイデアが生まれました。

「多くの人に新しい楽しみとワクワク感を与えたい」
「広い意味では宇部市のブランディングにもつなげたい」
「宇部市の歴史を振り返って、先人の取り組みを顕彰して未来につなげたい」

そこには、そうした想いがあり、それが実現したのです。

◆自治体の歴史を振り返り、新たな価値を創出する

宇部市の取り組みは、**宇部市の歴史に根ざしたもの**でもありました。

歴史的に見ると、宇部市は、明治時代に石炭産業で急成長したまちでした。

当時、最大のエネルギー産業である「石炭産業」が興《おこ》り人口が爆発し、村からいっきに

市になった歴史があります。

ところが地元の資本家は、石炭で成功したがゆえに、「いつかは石炭を掘り尽くすのではないか」という**危機感を常にもっていた**そうです。

考えていたのは、「次の時代に何が当たるのか」という**「産業転換」**のこと。わからないからこそ事業を多角化して、常に産業界の新しい芽を探していたのだそうです。

つまり、**宇部市の「成長産業戦略」は、明治期と同じ考え方でもあった**のです。

当時は、**「いずれは掘り尽くしてしまう有限の石炭を、工業の無限の価値に展開し、地域に永く繁栄をもたらそう」**という考えで、**石炭産業から化学工業へと転進し、工業都市として産業が発展してきました。**

だから、**現在の宇部市が成長産業を求めるのは、この歴史に学んだ歩みでもある**のです。

◆歴史ある公園を再生させる

また、舞台となったときわ公園にも「物語」があります。石炭産業の発展とともに、明治大正期には石炭成金によって湖岸に別荘地が建てられるようになり、桜が植樹されるようになりました。しかし私有地のため、誰もが楽しめる場所ではありませんでした。

地元の実業家・渡辺祐策らにより、常盤湖周辺の土地購入活動が進められ、その後、市に寄贈されたことにより、ときわ公園は市民がいつでも楽しめる桜の名所となったそうです。

プロジェクト担当の弘中さんは、**宇部の財産は「先人からの歴史」**だといいます。**歴史の産物であるときわ公園を舞台にして成長産業を誘致しようというのは、宇部市にとっては大きな歴史の流れの一端でもある**のです。

市長の先祖も炭鉱の出資者のひとりだったこともあり、市民にとっても納得できる取り組みとなった成功事例です。

株式会社リングロー、山口県宇部市の取り組みから学ぶ
「歴史ある場所や廃校を活用して新たな価値を創出し、企業を呼び込む3つのポイント」

①まちをあげて（産業界、教育界、金融界、行政などが大同団結して）成長産業を地元に呼び込む体制をつくる

新しい仕事をつくる（呼び込む）ためには、自治体内の全セクターが大同団結することが重要。

②すぐに結果を求めずに、スタートアップ企業とイノベーション企業の両方を支援する

すぐに利益を求めず、長い視野で企業との関係性をつくることが大切です。

③子どもや若者たちがワクワクするコンテンツを生み出してまちの持続可能性につなげる

次世代の感性にマッチする企業やコンテンツを取り込むことで、若者人口を獲得することもポイントです。

人口流出対策・移住者支援

Question 07

人口減少に歯止めがかかりません。移住者を増やす、または人口流出を防ぐには、どうすればいいですか？

A

キャリアを捨てずに田舎暮らしが可能な「テレワーク」を最大限に活用しましょう。

2021年度の東京都への年間転入者数は42万167人。転出者数は41万4734人。

転入超過ではありますが、その数は前年よりも2万5692人減り、現在の方法で統計をとりはじめた2014年以降、最も少ない数となりました。

つまり**転出者が増えた**のです。

さらに東京23区で見ると、転出者数が転入者数を1万4828人上回り、**「転出超過」**になりました。

少なくともここ一世紀の間（戦争による一時期を除いて）、日本社会の人の流れはずっと東京へ東京へ、と向かっていたわけですから、**東京一極集中が一瞬でも崩れたことは、地方創生を考えるうえではとても象徴的な出来事だった**と思います。

◆「移住してテレワーク」を望む人たち

もちろん、コロナ禍が収まってからもこの潮流が続くかどうかはまだわかりません。

けれど、少なくともコロナという外圧によって、日本人は一度は地方分散型社会を指向しました。

会社への出勤という「鎖」さえとれれば、多くの人はそこまで東京に住みたいとは思っていないともいえるのではないでしょうか。

そういう意味でも、この**コロナ禍での「地方分散」の流れは、記憶されてしかるべきだ**と思います。

コロナ禍でテレワークが主流となり、都心から公共機関で1・5～2時間エリアが自然環境的にも居住環境的にも俄然注目を集めるようになりました。

そして、

「現在の仕事を離れたくない」

「テレワークを使って働いて、これまで積み上げてきたキャリアを継続したい」

という人が、移住希望を考えたといっていいと思います。

◆「仕事があれば移住したい！」

一方で、言うまでもなく全国の自治体は移住者を欲しがっています。

少子化による人口減少、ことに20代からの若者世代の減少は全国各地で著しいわけですから、**どこの自治体でも子育て支援や移住者支援制度をつくって、移住者を呼び込んでいます**。

となると、前述のような**「移住したい人たち」の受け皿になる**ことを考えないといけません。

いかに都心から1・5時間圏内が人気とはいっても、遠隔地の自治体が「東京の隣に引っ越す」ことは無理なのですから、別の方法でこのエリアがもっている魅力＝仕事を生み出さないといけないでしょう。

そこで注目されるのが**「テレワーク」**です。

現在全国のいくつかの自治体が、弊社と組んで**「テレワークを市民に定着させて移住定住人口を増やそう」**という取り組みをしています。

実際にテレワークを使うと、どんな形で移住生活を送れるのでしょうか。

茨城県境町に住む新井岳さんの事例を紹介したいと思います。

◆畜産とテレワークの副業で得た「心身ともに健康的な生活」

新井さんは２０２２年の春までは、都内にある大手企業のハウスエージェンシーで働いていました。

そのときは実家のある茨城県古河市から、往復3時間以上をかけて通勤していました。

それが、いまは**酪農とテレワークの二足のわらじを履きながら、ほどよい田舎暮らしを楽しんでいます**。

住居から牛舎までは車で10分。

通勤時間が減った分昼寝もできるし、肉体労働がほどよい運動となっているそうです。**毎回バランスのいい食事が家でとれるので、身体も引き締まり健康状態もよくなった**と笑顔で語ります。

新井さんの1日はまず、朝5時半に起きて牛舎の掃除や餌やりからスタートします。

搾乳は7時から8時半ごろまで。

その後テレワークにとりかかり、昼寝などもして、16時から19時ごろまでまた牛の世話をして1日が終わります。

新井さんは結婚の際、奥様の実家の酪農業の三代目後継者がいないことを受け、自分が継ぐのがいちばんいいのではないかと考えました。

もちろん会社を辞めることになりますが、そのときすでに弊社のテレワークのことを知っていて、自分も在宅で働けばいいし、**会社を辞めてもビジネスパーソンとしてのキャリアはテレワークで継続できる**とわかっていました。

テレワークに背中を押され、酪農を継ぐ決心をしたといってもいいかもしれません。

◆テレワークでのアウトソーシング契約

じつは新井さんの前職の会社は、コロナ禍前から**弊社とテレワークでのアウトソーシング契約を結んでいました**。

会社員時代の新井さんは、広告プロモーションの仕事を担当しながら、リモートワーカーたちの管理者として仕事を発注したり取りまとめたりするポジションでした。

その経験があったから、発言にもあったように、**「酪農×テレワーク」への決断**も早かったといいます。

自分がリモートワーカーとなったいまは、**前職の経験を活かしてひとりで仕事を完結させています**。

さまざまなクライアントの企画書やプレスリリースを書く、メディアの広告枠の買い付けをする、記事出稿の手配をする、など。

テレワークを始めたころは、仕事を受注しすぎて時間に追われ、牛の世話をしながら企画を考えるなどしていました。牛の世話には当然フレックスがないので、追い込まれてしまったこともあったそうです。

しかし、だんだんと仕事のバランスがわかってきたいまでは、**自分のできる範囲でテレワークをすることができている**といいます。

◆「テレワーク」が離農を食い止めるカギに

農業大国茨城にあって、境町も第一次産業は盛んですが、次世代の担い手となる若者や後継者は次々に都心に出てしまい、離農する人も多いと聞きます。

しかしテレワークのことを知れば、そういった担い手も地元に戻ってきやすくなったり、留まったりしやすくなるのではないでしょうか。

周囲にも、まだテレワークはやっていないけれど、やろうと思えばそのスキルのある人、**予備軍はたくさんいる**はずだと新井さんは言います。

テレワークは、**働き手からすると場所を選ばず自分の仕事を続けられる利点**があります。収入の面でも、テレワークがあれば、新井さんのように酪農の収入を補完することができ、**安定とモチベーションにつながります。**

◆テレワークが「人手不足」や「人口流出」を補う

このように、**テレワークを使うことで移住生活を実現できた人は最近ますます増えています。**

自治体にしても、この方法を市民に奨励すること（テレワーク講習会を開くなど）でリモートワーカーを養成することができ、**若者の都会への流出を防ぐ、あるいは都心からの移住者を獲得するひとつの方法になりえる**はずです。

もちろん、リモートワーカーを募集している企業との出会いも大切ですが、現在どの業界でも人手不足の状況にありますから、スキルの高いリモートワーカーがいれば、仕事とのマッチングはさほど難しくはないと思います。

テレワークを住民に奨励している自治体のケースは後述しますが、ぜひこの方法をまちに取り入れることを考えてみてください。

コロナが終息しても、テレワークは「新しい働き方」として、今後も広がっていくでしょう。

この**「デジタルスキル」が、日本人の働き方や暮らし方を変えていきそう**です。

移住者の事例に学ぶ「移住者を増やす3つのポイント」

①移住を促進するためにはまちに仕事があることが前提

支援制度は「仕事」あってこそ。制度だけでは移住にはつながりません。企業を誘致するだけでなく、テレワークを市民に普及して仕事の場を増やすという手もあります。

②市民がテレワークで働ける環境づくりを考える

テレワーク講座などを企画して、市民にテレワークを奨励しましょう。近年そういった自治体が増えてきました。

③子育て支援や移住者支援があると喜ばれる

知らない土地に引っ越すのはなかなか勇気がいること。
自治体の支援が充実しているところへ移住者は集まります。

企業誘致の方法

Question 08

企業誘致には、どういった手順を踏めばいいでしょうか？

A

できるだけ早い段階で候補企業と地元とのマッチングを行い、双方のメリットを確認してから、「オーダーメイドの企業誘致ツアー」を実施。まちの雰囲気を「肌感覚」で知ってもらいましょう。

本章のＱ４～Ｑ６で述べたリングロー株式会社や宇部市のケースでは、成長産業のひとつのプロジェクトを自治体に呼び込んで、まちのブランド力アップと企業誘致をはかるケースを紹介しました。

ここではもうひとつ、別の自治体の「企業誘致」の取り組みを紹介しましょう。

◆「地元企業や団体、キーパーソンとの協働」をキーポイントに

静岡県の「総合政策課フロンティア推進班」が行っている企業誘致のケースです。

ここでは**「県内の市町村の地元企業や団体、個人（キーパーソン）との協働（コラボレーション）」**をひとつのキーポイントにして誘致企業とマッチングを行い、地元の信頼を得たうえでの「地方創生」策が行われています。

静岡県は、かねてから製造業を中心に企業誘致を行ってきました。前にも触れた、工業団地をつくって大企業の工場を誘致するやり方です。

静岡県は、製造業の製造品出荷額では全国第3位の位置を占めています。

東京から新幹線に乗って静岡県に入り、富士山のすそ野にある富士市のあたりにくると、大きな工場群が見えてきます。

広大な敷地があること、富士川が流れて水が豊富なこと、港湾や高速道路に近く大消費地に直結していること。これらの**好条件が重なって、さまざまな業種の工場が静岡県に進出しています**。

こういった大規模な企業誘致は、県庁の経済政策の本丸である「経済産業部」が手がけているのだそうです。

ここで紹介する総合政策課フロンティア推進班が進める企業誘致は、その本丸とは少し違った角度で企業誘致を進めています。

◆時代に合わせて誘致目的を変える

総合政策課フロンティア推進班では令和２年度（２０２０年度）から**「SHIZUKURU（シズクル）」**というホームページを開設し、**企業誘致だけでなく「移住定住」や「関係人口創出」なども促進するポータルサイト**としてきました。

そのサイトの内容も、**年度ごとに県内のニーズに対応した政策にアップデートしています**。

同班の企業誘致担当者によれば、静岡県では令和４年度（２０２２年度）までは**「県民**

が多彩なライフスタイルを選択できる地域づくり」や**「地域活性化」**が主な誘致目的でした。

それが**令和5年度（２０２３年度）からは、経済対策だけでなく「人口減少対策や県民の働きがい対策」というテーマも企業誘致策に加わった**といいます。

大きな企業を誘致することだけを目指すのではなく、**都会に出た若者や女性がUターンして「働きたい」と思う、「働きがいのある仕事」も誘致しよう**という形も政策に加わってきたのです。

たとえば**デザイン系の仕事やＩＣＴ系の仕事**、あるいは**サービス業**のような企業も、その**規模にこだわらずに誘致対象として考えるようになった**そうです。

◆進出希望企業との「マッチング」を早めに行う

弊社は、このフロンティア推進班からの委託を受けて、同県への進出を考えている企業に声をかけて、前向きの返事をいただいた企業と同県内の市町村のマッチングを行うという業務を担当しました。

そのときにポイントとしたのは、**「早い段階で」地元とのマッチングを行う**ということです。

まだ正式に決定はしていないけれど、「静岡進出を本気で考えている」という企業をつれて静岡県内を案内するツアーを行い、その中で受け入れ候補となる市町村の地元企業や団体、関係者を紹介して、**お互いにWin-Winになる関係を話し合いの中で模索**してもらったのです。

「マッチング」の手順は、次のようなステップで行いました。

①企業のホームページやさまざまな資料から、地方に進出したいと考えている企業を抽出する

②そのうえで、「静岡県内の市町村にこういう企業誘致の動きがあるけれど、一度同県を訪問してみませんか」とメールを送る

このときメールを送った企業は、若者や女性に人気の業種で、とくに力を入れたのは**ICT・サービス関連の企業**です。

その規模は上場企業から小規模の企業まで、幅広くカバーしました。

静岡県のオーダーである**「企業規模に関係なく、静岡の地域性にマッチする企業」**をピックアップしたのです。

静岡県は大学が少なく、大学入学時に都会に出た若者が就職時に戻ってこないケースが多いのが課題とされていました。そのため、若者が好む業種の企業を誘致して、県外に出た若者を呼び戻す「受け皿」づくりが必要です。

最近の若者は就職先を選ぶのに**「自分が納得する仕事ができるなら、企業規模にはこだわらない」**というデータもあります。だから従業員10人規模の企業でも、ＩＣＴ・サービス関連で「静岡に進出したい」という企業は、県としては誘致対象として魅力なのです。

そこで静岡県では令和5年度（２０２３年度）から、ＩＣＴ・サービス関連の企業を対象に、県内に事務所をつくるときの開設費用を補助する制度もつくりました。また、**静岡県の東京事務所に企業誘致担当職員をひとりつけて、誘致対象企業を訪問するなどの誘致策**を実施しています。

◆地域にとってのメリットも重要

規模は小さくても、若者や女性に人気の企業、ことに**ＢｔｏＢの専門サービス業の企業を誘致するためには、早くから地元の企業や関係者に引き合わせ、お互いのメリットを探ることが必要**です。地元にとっても、進出企業と力を合わせて雇用促進や地域の活性化を計ることは最重要課題です。

大規模な工場は、稼働環境が整っていて機械や装置が完成すれば進出が決まり、工場稼働となります。

けれど小規模の企業は、持続可能なビジネスを構築するために、地元との関係性が必須課題となります。

そこで前述のような「マッチングの場」を設けたのです。

地元のメリットと進出企業のメリットが両立しないと「地方創生」にはつながりません。

この結果、令和３年度（２０２１年度）に実施した**「サテライトオフィスモニターツアー」**の参加者のなかから、南伊豆町と伊東市にそれぞれ１社ずつ、スポーツ関連の運営会社と旅館向けコンピュータシステム会社が進出しました。

そのうち１社は、地元自治体がサテライトオフィスをつくって企業誘致していた区画に入居してくれましたので、県と地元自治体の対策が実を結ぶ結果となりました。

令和４年度（２０２２年度）に実施した県内視察ツアーにおいても、具体的に県内に進出したいという企業が３社ありました。総合政策課フロンティア推進班としては、**積極的にこうした企業の取材記事をホームページに掲載する**などしています。

「さまざまなメディアを通して県内学生やＵターン人材へのＰＲを積極的に行い、県内雇用の増加につなげていきたい」と、担当者は語っています。

◆よりディープな関係構築を目指して

このような企業誘致策の流れを、総合政策課フロンティア推進班の担当者は、**「企業誘致のための県内視察ツアーを参加企業と地元関係者双方の希望に合わせたオーダーメイドツアーにしたことが、現在の好結果につながっている」**と分析しています。

最新のツアーでは、視察日程も訪問先も進出希望企業と地元関係者とのすり合わせを行い、企業単位でよりマッチングする可能性の高いスケジュールと相手を選びました。**よりお互いの理解が深まるツアー内容となったことが参加企業にも自治体にも好評だった**のです。

このツアーの成功は、進出希望企業に現地で関係者に会ってもらい、街の雰囲気を知ってもらうなどの**「肌感覚」**にポイントがあります。

市場やネットに出ている情報だけでなく、**地元企業のニーズも含めたよりディープな情報を知ってもらうことで、企業の進出計画がより現実的なものになる**のです。

こうした取り組みの結果、静岡県はサテライトオフィスの開設数が平成30年度（2018年度）では全国で17位だったのが、令和3年度（2021年度）には6位に上昇。県内には73のオフィスが確認されています。

また令和5年度（2023年度）から政策目的として取り入れた「人口減少対策」も功を奏し、移住希望地ランキングでは3年連続全国1位。中でも20代から40代の若い世代が全体の8割を占めていることが特徴となっています。

今後ますます重要度を増すと思われる**「企業誘致＋人口減少対策」を併せ持った地方創生策は、地元との深い関係性がポイント**になるのです。

静岡県の取り組みに学ぶ「地元との協働3つのポイント」

①都会の企業を誘致するためには、地元企業との「コラボ＝化学反応」が生まれないとWin-Winにならない

これからの企業誘致には地元企業や団体との「協働」が大前提となります。

②企業だけでなく、団体や個人（キーパーソン）を巻き込んだ地元との協働なくして企業誘致は成功しない

地域の関係者（団体）も、進出してくる企業のポテンシャルを最大限に使って地域の活性化を行いたいと考えています。

③早い段階で双方を引き合わせ、互いのメリットになるような関係を構築する

早い段階で企業との「お見合い」を行うことによって、最適なマッチングが可能になります。

Question 09

「ないないづくし」の私たちのまちに進出してくれる企業は本当にありますか？企業側の本音が知りたいです。

A

直接的な利益だけではなく、社会貢献やサステナビリティにつながれば、協力してくれる企業はあります。

地方への進出を考えている企業の「本音」を聞き出してみたいと思います。

「私たちのまちに進出してくれる企業はあるのか？」と問う前に、「そのまちは企業にとって進出したいまちなのか否か」、その点を確かめてみることが必要です。

◆地方進出に関して「企業が考えていること」とは？

地方進出を考えている企業としてここに紹介するのは、エネルギーインフラ会社の最大手である東京ガスのハウスエージェンシー「東京ガスコミュニケーションズ」です。

同社プロモーション統括部長の串崎裕介氏によると、「地方創生」という言葉が一般的になった２０１５年ごろから、**「もっと地方にも仕事があるのではないか」**と考えてきたといいます。

東京ガスのグループとしての統括エリアは東京と関東地方になりますが、全国に都市ガス事業者は２００社以上あると言われています。

串崎氏は「地方に出れば自治体ともつながれるし、社員の成長にもなる」と確信し、地方で仕事をつくる取り組みを始めたそうです。

その「地方＋自治体との協働」から生まれてきたプロジェクトのひとつが、同社が２０１９年から手がけている**「カーボンストックファニチャー」**事業です。

この事業は、串崎氏自身がデザイナーとともに地方の製材所を訪ねたときに感じた、圧倒的な木材のインパクトが原点になっているといいます。

地方に行くと多くの森林がある日本で、**国内で流通している木材の6割以上が外国産である**という現状を知り、何かできることはないだろうかと考えたのです。

同時に、国内の森林資源の活用は、東京ガスグループが掲げる長期経営ビジョン「Compass 2030」に基づく脱炭素化社会の実現、及び「ＣＯ^{2}ネット・ゼロの実現」にも合致します。

そこで東京都と組んで、まずはシンプルに**「多くの木材資源を、その木が育ったその場で使おう」**というプロジェクトを立ち上げたのです。

地元産の木材を使ってつくったキットを組み合わせることで、オーダーメイドで机や椅子がつくれる家具を設計しました。

この家具は、一般流通資材１０５角の木材のまま使用しています。

つまり、この家具が不要になっても、平屋の屋根や頑丈な犬小屋への転用が可能です。**さまざまな用途への転換ができることが、都市の木質化の一端を担っている**のです。

◆「木育」の教材としての活用で、地方自治体とつながる

同社では、この家具のキットを自分たちで販売し、すでに全国各地の公共施設や学校、

企業などに導入してもらっています。

たとえば神奈川県の相模原市とのケースでは、相模原の森林の木材を使って自治体の市庁舎や小中学校などに、約６００万円分の家具を納品しました。

完成品を納入するだけでなく、組み立て工程を市民参加のワークショップとして実施し、子どもや市民に**「木材を適度に使うことは地元の森林を守ることにつながる」**ということを理解してもらう**「木育」**という教育的取り組みも実施しました。

全国どの自治体からオーダーがきても、産地が特定できる国産木材を使って、用途の広い家具をオーダーメイドで生産して納品する。

その**取り組みを通して、全国の自治体とのつながりをつくっていく**。

それが、**「地方創生事業」となる**のです。

Question 10

企業が手を組みやすい自治体には、どんな特徴がありますか？

A

いちばん重要なのは、「コミュニケーションの距離」です。自治体の仕事は属人的な部分が大きく、うまくいく自治体の担当者は「危機感」と「情熱」をもっています。

先ほどはうまくいった事例ですが、どういう自治体となら企業は手を組みやすいのでしょうか。

企業から見た全国の自治体はどんなイメージなのかを探ってみましょう。

◆自治体との最大のハードルは「コミュニケーション上の距離」

私がよく企業から聞くのは、**自治体との付き合いで「いちばんの課題」となるもの、それは「距離」**だということです。

「そういわれたら東京から離れた地方の自治体はどうしようもないではないか」

そう考える人もいるでしょう。

けれどこの距離とは、たんに東京から何キロとか、何時間かかるかという**「物理的な距離」**ではないようです。

じつはそれは、**「仕事のクオリティの距離」**とか**「コミュニケーションの距離」**という意味なのです。

たとえば、役場の中でひとり1台PCがなかったり、テレワークの設備がなかったり、コロナ禍の時期には移動制限が厳しく、こちらから出かけていっても会えなかったり……。

そういう**「コミュニケーションの距離」が遠いところとは、ビジネスがしにくい**といいます。

◆情熱的な担当者がいる自治体はうまくいきやすい

では逆に、ビジネスがうまく進んだ自治体には、どんな特徴があったのでしょうか？

「このままじゃダメだ、うちのまちは地方創生から取り残される。何か始めないと！」

どの自治体においても、そうした強い危機感をもった職員さんがいると、地方創生の仕事は進みやすいそうです。

逆に、「上から言われたから」という「ザ・お役所的」な人ばかりだと、いくら企業側から具体的な提案をしても、役場内で企画はポシャってしまいます。

先ほどの串崎さんのお話では、**危機感をもった情熱的な人がいる割合は、お付き合いした自治体の中の約3割**という印象だそうです。

そういう魅力的な人がひとりいると、そのプロジェクトは予算が増えたり、逆にそういう人が異動になってしまうと急に予算が削られたりもする。

自治体の仕事は、そういう属人的な面が強いものなのではないかというのです。

これは私も同感で、本書で紹介した自治体には、必ずそういう**「情熱的なキーマン」**がいます。

規模は小さくても、そういう自治体は強いのです。

逆に、県庁所在地とか県内有数の人口を抱える市といっても、お役所仕事の役人ばかりでは仕事は前に進みません。

「本当に企業はきてくれるのか？」という前項の問いかけの答えは、じつは「自治体内部にある」といっても過言ではないのです。

◆自治体と組んだ「地方創生事業」の意義

では、企業はなぜ苦労を承知で地方に出ようとするのか？　それほど儲けがあるわけでもなく、時間とコストばかりがかかるのに、どうしてでしょうか？

串崎さんは、そこには将来的な「新規事業の拡大」のほかにも、次のような理由があるといいます。

- **多くの地方自治体のコンペは締め切りまでの時間が少なく、その地方との関係性が常にあるわけではない。だが、短い時間でもその地方の特性を調べ上げ、アイデアを絞っていくことで、スタッフの育成につながる**
- **地方に出て行くことで、スタッフにとっても新しい刺激となり、組織内にもいい循環が生まれる**

串崎さんは、若手を中心に**「どんどん地方に出るように」**とすすめているそうです。

「新事業の拡大」と**「人材育成」**。

地方への進出には、この2つの大きな理由があるのです。

◆企業側も「地方で力を発揮するチャンス」をうかがっている

今日の日本企業においては、**「地方創生」はメインストリームのひとつ**。

企業もチャンスがあれば「地方で力を発揮したい」と思っています。

自治体としては、まずは自分たちの働き方を整えて企業との「コミュニケーション距離」を縮め、Ｗｉｎ－Ｗｉｎになるような「切り口」を見つけることです。

ポイントは、串崎さんが語ったように、**自治体内に「強い危機感」をもってこれを乗り越えようとする「熱血漢」がいるかどうか**ということ。

そういう人を中心に、民間企業と自治体が**「危機感を共有」しながら歩めば、想定外の「掛け算効果」が生まれてくる**はずです。

東京ガスコミュニケーションズの実践から学ぶ「企業誘致3つのポイント」

①地方創生の時代、企業も地方に進出したがっている

都心の人手不足、テレワークの普及、労働者の地方志向、都心での生産コストの上

昇など、企業が地方に向かいたくなる条件はさまざまにそろってきました。

「自治体に本気で企業を受け入れる土壌があるか？」が問われています。

②自治体内に強い「危機感」はあるか？ それを自ら乗り越えようとする「熱血担当者」はいるかを見極める

企業は自治体との「コミュニケーション距離」に困惑しています。

強い危機感をもった熱血担当者がいると、この壁を乗り越えることができます。

③民間企業×地方「掛け算の魅力」を創出する

地方のもっているポテンシャルを地方で発揮すると、いままでになかった「価値」が生まれてきます。

第2章

自分たちに「強み」なんてあるの？
何を改善すればいいの？

企業誘致で地域の「長所」と「課題」を見える化する「4つのチェックポイント」

ここでは、地方創生の要ともいえる、**「企業誘致」**について詳しく見ていきましょう。

「企業誘致」という言葉は、企業を招く側の自治体が使う言葉です。

一方、地方にオフィスや工場を進出させようとする企業側からしたら、それは**「地方進出」**という表現になります。

「誘致」と「進出」は、ひとつの事象を表と裏から見た言葉ではありますが、その間には、**大きな意味の違い**があります。

◆「企業誘致」と「地方進出」はまったく意味が違う

自治体は、その地域がもっているさまざまな「魅力」をホームページやパンフレットで企業に伝えようとします。

そこには「大自然に抱かれて」とか「空気や水が美味しい」といった表現がしばしば見られます。

けれどそれらは、よほどそれを求めている特殊な企業以外には、まったく意味のない「キャッチコピー」です。

それらは**誘致する側の視点での「魅力」であり、進出しようとする企業の心を揺さぶるものにはなりません。**

また自治体が用意した企業への各種サポート体制や補助金制度なども、ほかの条件が整ったうえで、**最後に「あったらいいね」**ということにはなりますが、多くの場合、**進出企業の最初の選択条件にはなりません。**

自治体は、さまざまなメリットを企業に伝えて、なんとか地元に来てもらおうとします。

企業が地域に来てくれたら、誘致は「成功」だからです。

けれど企業の側からすれば、そういう魅力や制度を理解したうえでそのエリアに進出したとしても、それで終わりではありません。

そこから**事業を開始して、「利益」を出してはじめて成功**なのです。

もっといえば、**何年も続けて利益を出して、持続可能な経営スタイルにならないと本当の成功とはいえません。**

つまり、そのエリアに進出したことで「利益」につながるのか、持続可能に営業することができるのか、**企業が成功を判断するには一定の期間が必要**となります。

はたしてその地域は、企業が「継続営業」できる魅力をもっているのか？

出会ったばかりのいっときの熱い気持ちで、恋愛のように「盲目的」になっていないか？

地域と企業のミスマッチを防ぐために、**その地域がもっている「強み」と「弱み」をいくつかの角度から「見える化」することが不可欠**だと思います。

それらをしっかりと見極めたうえで、企業には進出してほしいからです。

当然、**地方には「強み」と「弱み」があります**。

企業からしてみれば、すべてにおいて「魅力だらけ」の地方などありません。

どの部分を最重要と考えるか？　どの部分の欠点には目をつぶるのか？

その見極めが重要です。

では、地方創生の大きなテーマである「企業誘致」に関して、地域がもっている課題や長所を「見える化」するにはどうすればいいのでしょうか？

この章では、**「4つの観点」からそのチェックポイント**をあげてみたいと思います。

チェックポイント❶アクセス

「立地条件」「都心からの距離」など、アクセス条件には種類がある

Question 11

都心からの距離はやっぱり近いほうがいいですか？

A

じつは「距離」には5つの種類があります。都心から近いだけが企業にとってのメリットではありません。

一般的に「企業誘致」を考えたら、地方創生を行う自治体は、「都心から距離的に近い」に越したことはないように思います。

けれど「進出」を考える企業にしたら、都心から近ければいいかというと、それだけが条件ではありません。

「その企業は何を目的に地方に進出したいのか」が重要になります。

その**自治体がもっているアクセス条件は多岐にわたります**。

そのエリアは東京都心から何キロ離れているのか？
そこにたどり着くまでに飛行機、列車（新幹線）、車などで何時間かかるのか？
飛行場から何分かかるのか？
新幹線は走っているのか？
新幹線の駅はあるのか？
そこから在来線やバスに乗り換える必要があるのか？
それで何分かかるのか？
その電車やバスは1日に何本通っているのか？
高速道路は通っているのか？
インターチェンジはあるのか？
国道は通っているのか？……などなど。

そこで、ここでは地方自治体と都心との「距離」を、いくつかのバリエーションではかってみることにしましょう。

◆「距離」には5つの種類がある

①「絶対距離」

文字通り、**「都心から何キロ離れているか？」という絶対値**です。

一般的には絶対距離が短いほど「近い」と思われがちですが、当然**各種交通手段のありようによって、時間距離は逆転します**。

たとえば東京から軽井沢までは絶対距離は約120キロですが、新幹線があるので時間距離は約1時間です。

ところが東京から秩父は絶対距離は約90キロなのに、時間距離は約2時間かかります。

企業にとってはどちらの距離でその自治体を見るかというと、「時間距離」と答える企業が多いのではないでしょうか。

②「時間距離」

すべての交通手段を考えて、都心からその自治体まで何時間かかるのかが「時間距離」です。

もちろん乗り換えや、飛行機や列車の1日の便（本）数も問題となります。

すべてを含めて、自治体と都心がどれくらいの「時間」で結ばれているのか、それを計ってみてください。

仮に都心からの絶対距離は遠くても、飛行場がある、新幹線の駅がある、インターチェンジが近いなどの条件があれば、**「時間距離」という点からは「近い」**と判断されるエリアもあります。

③「コスト距離」

「地方にオフィスや工場を新設したい」と考える企業ならば、それだけの土地が空いているエリアでないといけません。

不動産コストを考えても、**都心からなるべく遠いほうが低コストで理想の物件が手に入りやすくなります**。

あるいは、そこで働く社員の居住環境や生活環境を考えれば、**生活コストの低い遠方の自治体を選んだほうがいい場合もあります**。

④「環境距離」

その企業の進出の目的によっては、そのエリアの「環境」が最も大切だということもあります。

研究所をつくって静かな環境で研究者にじっくりと研究活動をしてほしい企業ならば、自然環境や生活環境を重視して、時間距離や絶対距離は遠いエリアのほうがいいというケースもあります。

⑤「情熱距離」

そして最後に重要なのは、**「情熱距離」**です。

先ほども述べましたが、私の経験によれば、**企業誘致への「熱意」は自治体によって異なります**。

首長が誘致に熱心でも、現場の担当者にそれが伝わっていないケースがあります。逆に首長や役場の幹部よりも、現場の担当者の熱意がものすごいケースもあります。

後述しますが、新幹線の駅がある地方の拠点都市は、条件がいいために誘致の「熱意が低い」こともあります。

逆に、地方でも**「僻地」の自治体は、担当者一人ひとりの危機感が強く、誘致に熱心に取り組んでいるケースもあります**。

それらを比べると、「情熱的な担当者がいる自治体」のほうが、進出後の企業の課題解決も早かったりします。

だから私は、**その自治体がもっている「情熱距離」も大切な視点**だと思っています。

Question 12

都心からアクセスのいい自治体、悪い自治体では、地方創生の取り組みに違いがありますか？

A

「情熱距離」の観点からいうと、僻地の自治体のほうが「危機感」が強く、地方創生のアクションに情熱的です。

全国各地の自治体の「地方創生」の動きを見ていると、私の印象では、**都心から車でも電車でも1時間圏内の「時間距離と絶対距離が近い自治体」は、この取り組みに対してあまり熱心ではありません**。

そういう自治体は、そもそもわざわざ地方創生のアクションを起こさなくても、地方から上京した若者が住み着いたり、郊外型のアウトレットモールができたりして、人が集まってくるからです（とはいえ、まもなく東京や首都圏でも人口減少が始まるので、そうなってから焦るのでは遅いと思うのですが……）。

本書で述べる「地方創生」がテーマになる自治体は、そもそも東京から列車でも車でも3時間から4時間かかったり、地方空港に降りてからも1時間以上かかったりするような、地方においても「僻地」にある自治体だと考えます。

そういう自治体は、人口減少もかなり早くから始まっていて、過疎も相当に進んでいます。「消滅可能性」が語られるような自治体ですから、そもそも自治体の存続についての危機感が強い。

その分、**地方創生に「本気」**なのです。

つまり、**地方進出を考える企業からすると、「情熱距離」という観点からは、地方の、しかも僻地にある自治体のほうが進出を検討するに値するケースが多々あります。**

◆周辺都市も「地方創生への情熱」が高い

あるいは経験的にいえば、**各都道府県の県庁所在地や中核となる都市から車で1時間～**

1時間半の距離にあるような、地方における「周辺都市」も地方創生への「情熱」が高いと感じます。

これは、全国各地の都道府県においても、県庁所在地や中核都市は求心力があり、人が集まりやすいからです。

「地方の中核都市」には高校も多く大学もあるので、**若者は中学高校を卒業すると、そういうまちの学校に進学して、卒業後も故郷に帰らない**か、あるいは就職や結婚を機に故郷を出てしまって、**地方の中核都市に住み着いてしまう**のです。

しかも地方の場合、親元を離れて中核都市に住んでもすぐに帰省ができる距離にあるので、故郷のまちを離れやすいのです。

そういうケースが多いので、**「周辺都市」では強い危機感をもって地方創生のアクションを起こすケースが多い**のだと思います。

次に、こういう**「僻地」にある自治体が地方創生を成功させるには、どんな要素が必要なのか**を見ていきましょう。

Question 13

都心からのアクセス条件が悪くても、企業が「地方創生に前向きだ」と感じる自治体の特徴を教えてください。

A

ほかの自治体のまねではなく、自分の自治体の10年後のビジョンがしっかり描けていること。企業は、その土地の「持続可能性」も見ています。

いくつもの地方の自治体と地方創生のアクションについて相談したり交渉したりする中で、私の中に**その自治体を見る「基準」**ができてきました。

それは、「新幹線の駅や空港に近い」といった「絶対距離」や「時間距離」が近い、あるいは「魅力的な観光地がある」「特別な産業がある」という自治体が地方創生に有利なのではなくて、

「担当者が情熱をもっているまち」
「自治体の持続可能性をなんとかしたいと思っているまち」
「独自のビジョンがあるまち」

つまり、先に述べた**「情熱距離」が近いこと。結局はこれに尽きます。**
そういう自治体にこそ**「地方創生の本質的な力」がある**ということです。

◆重要なのは「5年後、10年後のビジョン」があること

隣のまちがやっていることが好評だから取り入れようとか、ほかの成功している自治体のまねをしてやってみようといった安易な考えでは地方創生は進みません。
むしろ、**「このまちの10年後をつくりたい」**という先を見据えたビジョンをもち、

「もはや人口増加は無理だから、バラ色の未来はない」
「けれどその中でも、町の特徴を活かしてこういうことをやりたい」
「5年後にはこうなりたい、10年後にはこうなっていたい」

そういうことが語れる自治体でないと、私たちも本気になって地方創生のお手伝いはできません。

地方に進出を考える企業にしても、短期でしか考えていない自治体とはお互いにＷｉｎ－Ｗｉｎの関係にはなれません。

進出した企業にもメリットがあり、受け入れた自治体にもメリットが生まれるには、やはり5年以上の長期ビジョンが必要だと思います。

「絶対距離」「時間距離」よりも、担当者の「情熱」と自治体の「本気度」。

そして進出企業の事情に合わせた**「環境距離」**や**「コスト距離」**。それらを総合的に見て5年から10年の時間軸で物事を考える姿勢。

そのほうがよほど大切です。

その意味で、素晴らしい担当者がいる2つの自治体を次に紹介しましょう。

Question 14

僻地といわれるような場所でも地方創生の取り組みに前向きな自治体は、いったい何を具体的にやっているんでしょうか？

A

コロナ禍をチャンスに変えた岩手県洋野町のケースが、非常に参考になります。

「情熱距離」という観点からいうと、私たちが地方創生のお手伝いをしている中では、**岩手県洋野《ひろの》町《ちょう》**が特筆に値します。

洋野町は、岩手県の沿岸部最北端に位置しています。

アクセスという面では都心からの絶対距離では552キロ、時間距離も新幹線で八戸へ約3時間、そこから在来線を乗り継いで約1時間半、トータル約5時間という、都心から遠い遠い自治体です。

しかも、県庁所在地の盛岡市よりもお隣の青森県の八戸市へのアクセスのほうが便利で、そちらの文化圏に入っています。

江戸時代には旧八戸藩だったので、それも当然かもしれません。

けれど、この町では現在、廃校を利用して新しいサテライトオフィスと宿泊施設を併せ持つ**「ヒロノット」**ができ、企業誘致が進み観光客も増えて活況を呈しています。

◆担当者や現場の「情熱」で賑わいを取り戻した「ヒロノット」

なぜこのようなことができたかといえば、ひとことでいうと、**担当者や現場の「情熱」がすごい**のです。

ヒロノットは、閉校となった宿戸《しゅくのへ》中学校をリノベーション利用した施設です。

太平洋に面した敷地に建ち、室内には学校の教室を二まわり大きくしたほどのコワーキングスペースや、5つのサテライトオフィス（貸し事務所）がつくられました。室内運動場や多目的室、50人が泊まれる簡易宿泊施設も備わっています。

「ノット」とは、「結び目、絆、縁」を指す言葉。

町内外から人を呼び寄せ賑わいを創出して、ここから**「元気や明るい雰囲気を発信して**

いこう」という思いが込められています。

こういう自治体は、地方進出を考えている企業にとっては**「マークすべき自治体」**だと思います。

アクセスという面では、たとえばこの地方の中核都市である八戸市のほうがはるかに条件はいいように思えますが、**「情熱距離」でいえば、だんぜん洋野町が優っている**ように感じます。

廃校を利用した施設「ヒロノット」
（岩手県洋野町）

◆コロナ禍をチャンスに変えた「町長の英断」

洋野町での地方創生のアクションが生まれてきたのは、なんといってもコロナ禍を上手に利用したからです。

コロナ禍という逆境をチャンスに転換した点が秀逸でした。

ヒロノットを担当する「特定政策推進室」の大粒来淳さんによると、

「学校が廃校になるのはコロナ禍の前から決まっていましたから、そこをどう利用しようかと前から話し合っていました。そこにコロナがやってきて、国から地方創生の臨時交付金が出ることになった。そのタイミングで『廃校のリノベーションをやろう！』と町長が決断したことでアクションが早くなりました」

とのこと。

こういうケースでは、**首長の決断が何よりも大切**です。

しかも、**コロナで「外から人がこなくなる」とネガティブに考えるのではなくて、「首都圏の企業が地方進出を考えるようになる」と、前向きに捉えた**ところも見逃せません。

洋野町では２０２０年にコロナの臨時交付金を申請し、21年にはヒロノットが生まれています。

初期の改修工事で１億２０００万円、その後エアコンやＷｉＦｉの工事などで８０００万円、トータル２億円での完成でした。

その９割以上を交付金で賄い、県からの補助金もありましたから、まちの持ち出しはほとんどなかったということです。

Question 15

都心からアクセスの悪い場所に、若者を呼び寄せるには、どうすればいいですか？

A

まずは若者に人気のある業種の企業に絞り、規模を問わず誘致する取り組みをしましょう。

前出の洋野町では、弊社と組んで、**従来の企業誘致にはない手法で「若者に人気の企業」の誘致**に取り組んでいます。

じつは同町は、それ以前は従来型の企業誘致を行っていました。

誘致する企業に対しては、「まちの支援制度（補助金など）がある」「工場用地がある」ということをうたい文句にしていたのです。

つまり、誘致する企業のイメージは製造業の工場でした。

けれど、ヒロノット完成以降の洋野町の誘致する企業のイメージは違いました。

次のような行程で**「新しいタイプの企業誘致」**を行うことにしたのです。

①ターゲットを**IT企業やコンサルタント企業**に絞って、地方進出を狙う企業に**直接コンタクト**する
②洋野町のサテライトオフィス「ヒロノット」への進出に前向きと返答があった企業に対して、**10社に絞って面談を重ねていく**
③**地元の企業とコラボしてくれる企業**を選び、その希望をヒアリングして地元の企業を紹介していく

◆企業誘致は「規模」ではなく「業種」で選ぶ

つまり、よくある「ただ都会から工場がきてくれればいい」という誘致ではなく、**地元の若者に人気のある業種の企業を絞って誘致する**のです。

そのかわり、**進出する企業に関しては規模や従業員数にはこだわりません。**

小規模の企業でも、**「ヒロノット」のサテライトオフィスに魅力を感じてくれる企業、洋野町の課題を解決することに熱心な企業、洋野町の地元企業とコラボしてくれる企業**を

選ぶこと。

このような観点で、進出希望企業と面接を重ねていきました。

つまり、進出する企業から見ると、**これまでは「自治体が相手にしてくれない」と思っていたような小規模の企業でも、洋野町へは業種によっては進出が可能だ**ということです。

しかも、ヒロノットという複合施設を使うことができ、**担当者もまちも、情熱的に進出をフォローしてくれます**。

洋野町では**ヒロノットができたことによって、すべてのアクションが前向きにポジティブになりました**。

アクセスの面では不利な条件がそろっていますが、それ以上に**担当者のやる気が生まれ、「情熱距離」は近くなりました**。

進出を考える企業にとっては、「時間距離」（アクセス）よりも大切な価値をそこに見ることができます。

大粒来さんをはじめ、役場の担当者たちの熱心な対応は、進出を希望する企業にとっては心強い限り。

担当者たちも東京の企業と対面で話すことが増えて、非常にやりがいを感じている、**素**

晴らしい事例です。

チェックポイント❷ 人材

そのエリアで必要な人材が確保できるか

Question 16

企業側が必要とする「デジタル人材」は、地方にも本当に存在しますか？

A

テレワークを通した取り組みから、地方にもデジタル人材がたくさんいるということがわかってきました。

「我々が進出するエリアに、働いてくれる人材がいるのか？」

それは企業にとっては大きなポイントです。

この点に関して私たちの会社では、過去に**貴重な経験**をしてきました。

それを踏まえて、**「『地方には人材がいない』というのは本当か？」**ということを考えてみたいと思います。

◆「地方には人材がいない」は本当か？

弊社がテレワークを始めたのは２０１１年、「東日本大震災」がきっかけでした。

私たちは「テレワーカー」を探して求人募集を繰り返しました。

「テレワークができる人材はやはりパソコン環境が整った都市にいるだろう」と思い、東京と福岡で募集をかけたのです。

ところがほどなくして、この思惑がじつは間違っていることがわかりました。

テレワークを求めて、たくさんの応募者が集まってきたのは、なんと熊本からだったのです。

募集したのはテレワークを使った営業とか事務といった職種だったのですが、そういう仕事を希望する人は地方にいるのだということが、私にとっても大発見でした。東京からの応募者を10人とすると、その10倍の１００人くらいが地方在住者だったのです。

地方からの応募が多かった理由のひとつは、やはり「地方には仕事がない」ということなのでしょう。

もうひとつは**「首都圏の基準で対価を支払う」**という条件も大きかったと思います。

地方在住の女性たち、子育てや介護をしている女性たちがたくさん応募してきてくれたのです。

それ以降、**「地方でも条件をしっかり明示して募集すれば、人材はたくさんいる」**というのが弊社の常識となりました。

◆秋田で急遽誕生したコールセンターの驚くべき集客力

２０１５年ごろにも、**驚くべき地方体験**をしました。

このとき、たまたまあるクライアントからコールセンターの大きな案件が入って、**「1カ月以内にまとまった数の人を集めないといけない」**という状況だったのです。

ちょうど年末にかかるころで、都内で声をかけてもテレワークをやってくれる人がそんなに大勢集まるか不安でした。

そのとき、秋田に住んでいる後輩がいたことを思い出し、思い切って彼に人集めを頼んでみました。するとその後輩は二つ返事で仕事を引き受けて、**あっという間に秋田でテレ**

ワークができる女性たちを10人くらい集めてくれたのです。
スムーズに人が集められたので、私たちも秋田にワンルームマンションを借りて、そこから約2年間、コールセンターを秋田市内で運営することができたのです。

チェックポイント③ 自治体のサポート体制……………………

企業誘致をする場合、自治体はどのようにサポートすればよいか

Question 17

まちの長所は十分アピールし、補助金制度も設けました。でも、なかなか進出してくれる企業が決まりません……。いったい、どうすればいいですか？

A

企業にカスタマイズしたサポート体制づくりが必要です。私たちはそのために、「企業コンシェルジュ」を起用しています。

企業誘致をする際に、「大自然があります」「空気や水が美味しいです」といううたい文句では意味がないと書きました。

同様に、かつてのように「広い工業団地を用意しました」「税制などの優遇措置があります」といった取り組みを語っても、若者や女性層が喜ぶような企業は進出してくれません。

「広い工業団地」に反応するのは工場進出を考える製造業ですが、若者や女性層が喜ぶ企業はＩＴ産業やサービス産業です。

そういう企業は工場用地は必要なく、むしろ**地元の企業とのマッチングのほうがビジネスチャンスに直結**します。

つまり、そういう**企業を誘致したいならば、進出しようとする企業にカスタマイズした自治体のサポートが必要**なのです。

そのためには、誘致を働きかける企業をしっかりと吟味しないといけません。

そのうえで、**その企業にあったサポート体制を考えないと意味がない**のです。

◆「企業コンシェルジュ」の仕事とは？

たとえば弊社では、自治体の委託を受けて企業誘致をするケースに備えて、**「企業コン**

シェルジュ」と呼ばれるスタッフが在籍しています。

言い方を変えれば、**「企業誘致のコーディネーター」**です。

彼らは日ごろから、さまざまなテレマーケティングの仕事をしながら、**首都圏の企業の「ウォッチング＝下調べ」**をしています。

たとえばＩＴ関係の企業であったら、東京で従業員規模が30人以上の企業のリストや50人以上の企業のリストをもっています。

「その企業がどんな仕事を得意にしているのか？」

「経営者の出身地はどこなのか？」

「これまでどんな仕事をしてきたのか？」

「今後どんな分野にビジネスを展開したいのか？」

など、詳細なデータがそろっています。

そのうえで自治体に対して誘致したい企業のイメージを聞いて、それに見合った企業をリストアップして、そこにメールや資料を送るのです。

このリストの精度が高くなり、

「その企業が地方に進出して何をやりたいのか？」

「どんなビジネスを展開したいのか？」がしっかりと見えれば、自治体とのマッチングもうまくいきます。

受け入れる自治体は、**その企業に見合った支援を考えれば、企業と自治体とのマッチングも容易になる**からです。

◆課題やニーズをシェアすることで、マッチングしやすくなる

たとえば地元企業とのコラボレーションを考えている進出希望企業には、**地元企業の課題やニーズを紹介することで地域に興味をもってもらえます**。

地域の課題解決を考えている企業ならば、自治体の抱えている課題を相談することで、進出の可能性も高くなります。


すでに述べた岩手県洋野町で「ヒロノット」というサテライトオフィスを含む複合施設を担当している同町の特定政策推進室では、このやり方で企業誘致を進めています。

現在は、首都圏のＩＴ関係やコンサルティング関係の企業約４０００社に対して洋野町への進出を打診するメールを送って企業誘致を行っています。

そこには「洋野町としては（第一次産業などへの）地域貢献も期待している」というこ

となど、**自治体側の思いもしっかりと書いて、洋野町が望む企業活動をアピール**しています。

そのほうが企業の反応がいいということも、経験からわかってきました。

あらかじめ**好感触の企業との面談を始めるわけですから、お互いにマッチングしやすくなる**というものです。

Question 18

都会から企業を誘致するだけでなく、地元企業をサポートする地方創生のやり方はありますか？

A

地元企業がＢｔｏＣ型の新商品を市場に送り出す際のサポートをして、「経済面からの地方活性化」をはかっている自治体のケースがあります。

地方創生として都心から企業を誘致するだけでなく、**地元企業のサポートをして成長を促進し、地域に雇用を生み出したり経済を活性化させたりする方法**も考えられます。

第1章に書いた企業がＢｔｏＣ型の新商品を市場に送り出すサポートをしている株式会社マクアケと地方自治体が連繫しているケースがそれに当たります。

同社は、日ごろＢｔｏＢ型のビジネス（大企業の下請け製造）をしている地方の製造業が、コンシューマー（一般消費者）向けの新商品を考えたときに、それが市場で受けるのかを、プロトタイプの段階でネットで情報拡散して、その「応援購入」を募ることができる新しいビジネスモデルを展開しています。

そのマクアケと協定を結び、地元企業をサポートする体制をつくった自治体があらわれたのです。

それを始めたのは、徳島市、熊本市、佐賀市、神戸市といった自治体です。

これらの自治体では、補助金制度をつくって企業を支援するのではなく、クラウドファンディングの仕組みを用いた応援購入サイト「Ｍａｋｕａｋｅ」という新しいビジネスモデルを地元企業に紹介し、その使い方をアドバイスすることで企業支援をしています。

マクアケも、いまでは地方をひとつの活動拠点として考えているので、大阪、福岡、名古屋、金沢、広島などに拠点をもっています。

そういう拠点でイベントや商談会を開催するときに自治体が協賛する、あるいは自治体が地元の金融機関を巻き込んで、マクアケのビジネスモデルの中で融資の面からもサポートできるようにするなど、**オール地方で支援体制を組んで、地元企業の新しいビジネスを支援するケースが増えてきた**のです。

◆世界的に例のない新商品の「市場価値」が測れる

そういう支援スタイルから、**ハイブリッドタイプの自転車が生まれてきたケース**がありました。

この企業は、もともと海外の自動車の部品の輸入商社でした。

その実績をもとに、自分たちでモビリティをつくろうと一念発起。自転車にもバイクにもなるオリジナルなモビリティを試作したのです。

ところが、このような商品は世界的にも例がないために、市場で受けるかどうかわかりません。

そこで地元自治体の紹介を受けて、マクアケにアプローチして、プロトタイプを「Ｍａｋｕａｋｅ」のサイトで披露しました。

すると、この商品がネットユーザーに受けて、「応援購入」が目標額を達成。

そのことで地元の金融機関からの融資もつき、大手メーカーとの業務提携や、自動車用品販売店での取り扱いが決まりました。

このように、新しいビジネスモデルを使って市場へアクセスする場合、**地元自治体や地元金融機関が連繫していることは、市場での信用につながります。**

地元企業からヒット商品が生まれれば、自治体にとっても経済的なメリットだけでなく**ブランドイメージの革新や関係人口の増加にもつながります**から、お互いにWin－Winとなります。

今後、**税制の優遇や補助金といった制度よりも、このような企業サポートが増えていく**ことは間違いありません。

地元にはどんな産業があるか、企業とのコラボレーションができるか

Question 19

進出企業と地元企業との関係性をうまくつくるには、どうすればいいですか？

A

地方に進出したい企業は、地元企業とのコラボを望んでいます。静岡県のケースでは「県内視察ツアー」を実施して、地元企業などとの面談を行い、早くから濃い関係性をつくるようにしています。

◆「現地ツアー」という「お見合い」の実施

令和4年度（2022年度）に静岡県の**「総合政策課フロンティア推進班」**の委託を受

けた弊社では、進出を希望する企業を静岡県に呼んで**「県内視察ツアー」**を行いました。いわゆる地元企業や団体との「お見合い企画」です。

進出希望の企業を、その意図に見合いそうな静岡県内の自治体に招いて、地域のキーパーソンや地元企業との接点を早い段階でつくって、**お互いに理解を深めたうえで進出してもらおう**という考えです。

総合政策課フロンティア推進班は県の組織ですから、各市町村の細かな事情を把握するために、**同班の担当者が、市役所や町村役場の企業誘致担当者に話を聞き、まちのニーズや状況を確かめます**。

そのうえで進出希望企業とのマッチングを行い、**そのまちの企業や団体、キーパーソンと進出希望企業との出会いの場をつくる**のです。

◆業界を絞り、「企業誘致に積極的な自治体」とマッチングする

このツアーに参加してもらう企業を集めるときにも、まず**フロンティア推進班が指定するいくつかの業界の企業に絞って声をかけました**。

すでに122ページで記したように、弊社の**「企業コンシェルジュ」**がもっているリス

トの中からそれに該当する企業をピックアップして、そこに**集中的にアポイントをとった**のです。

このとき力を入れたのは、**ＩＴ関係やコンサルタント関連、広告関連、デザイン関連の企業**です。

仕事内容を調べるだけでなく、社長や経営幹部の中に静岡県出身者がいないかなども調べて、**静岡県に興味をもっている企業**や、**静岡に出て行くニーズをもっている企業**などを集めました。

その結果、令和4年度（2022年度）の県内視察ツアーには16社が参加してくれました。

ツアーは11月から3カ月かけて11回実施して、各回1泊2日。

各企業には県内35の市町村から選んだ1～2の自治体を回ってもらい、そこで**地元の企業や団体、キーパーソンと面談**してもらったのです。

じつは静岡県では、このツアーに先立って10月に東京品川で**「静岡県サテライトオフィス開設セミナー in品川」**を開催しています。

県内の自治体によって企業誘致に積極的で補助金制度が整っているところと、そうでもないところがあります。そこで企業誘致に積極的な自治体にブースを出してもらって、進出希望の企業とのマッチングを図ったのです。

このときは32の企業が参加してくれました。その中から県内視察ツアーに参加してくれる企業もあったので、相乗効果がありました。

◆現地に来てもらうことの「大きな利点」とは？

県内視察ツアーを開催して、進出希望企業に現地まで来てもらったことは、企業誘致への大きなポイントとなりました。

実際にその土地を見てまちの雰囲気を感じてもらい、地元企業や団体の人と食事を共にしてもらえば、その地域への理解も深まります。

さらに**そのエリアのビジネス面の特徴や強みも説明することで、進出希望企業には具体的なビジネスのイメージをもってもらえた**はずです。

また各自治体からは、自分たちがもっている**企業誘致支援制度の説明や、これまでの活動実績**なども話してもらいました。

現地からは、一般に流布している静岡情報だけでなく、その企業のニーズに合わせたエリア情報も話してもらったので、企業側は大いに納得してくれたようです。

今後は全国の自治体でも、同様の取り組みが広がっていくものと思われます。

◆企業誘致の新しい要素

また最近では、企業誘致のアクションに、「新しいトレンド」が生まれてきています。

そのひとつは、**「企業誘致を人口減少対策としても行う」**という考え方です。

第１章でも記したとおり、静岡県の総合政策課フロンティア推進班が担当する企業誘致は、令和５年度（２０２３年度）以降は**「人口減少対策」**がテーマに加わりました。

地元の若者や女性層が魅力を感じるような企業を誘致して、そこで働いてもらうことで人口流出を防ぐ、あるいは都会に出た若者や女性層のＵターンの受け皿とする、という取り組みです。

もちろん魅力ある企業を誘致できれば、その企業で働きたい移住者が増えたり、移住しないまでも関係人口が増えたりします。その結果、地域は活気づきます。

そういうビジョンをもって、企業誘致が行われているのです。

そういった意味でも、**地元の企業としっかりコラボしてくれたり、地元の産業に根ざしたビジネスを展開してくれたりする企業を紹介することが重要**だと私たちは考えています。

静岡県の例のように「県内視察ツアー」で交流し、**早い段階で双方がＷｉｎ-Ｗｉｎに**

なるような関係をつくることには大きな意義があるのです。

Question 20

「地方創生3・0」の企業誘致には、どんな特徴がありますか？

A

全国にサテライトオフィスが増えたことで、「地方で優秀な人材を獲得したい」という企業が増えたことがあげられます。

地方創生が第三期（バージョン3・0）に入り、これまでのバージョン1・0や2・0とは明らかに違う要素が増えてきました。

それは、**全国に「サテライトオフィス」が増えてきた**ことです。

サテライトオフィスとは、これまでのように大規模な工場や社屋ではなく、**支社よりも小さな事業部単位での進出に使えるような、小さなオフィススペース**のこと。

テレワークの浸透により可能になった、個人的な働き方に対応したオフィスです。**主に自治体が開設して、それを企業が借りるケースがほとんど**です。

平成の末期あたりからじわじわと全国に増えてきていたサテライトオフィスですが、令和に入ってグッとその数が増えて、令和３年度（２０２１年度）には対前年度比１９２％増、５０５カ所も増えて**全国で開設中のサテライトオフィスは１３４８カ所**となりました。

そのスペースを使って、企業は社員１～２人を派遣して進出する場合もありますし、週に２～３日社員が出張して、そこで仕事をするというようなケースもあります。

そこでは事務的な仕事や経理総務のような管理部門の仕事を行うこともありますし、東京でやってきたＢＰＯ（アウトソーシング）の仕事の拠点にするようなケースも見られます。

この進出スタイルは規模も小さいしコストもかかりませんから、**小規模な企業やスタートアップ企業、実験的にその地方のビジネス環境を調べてみようという「お試し型の企業」などが多い**ようです。

今後は**地方自治体にとって、このようなスタイルでの「企業誘致」がトレンドになる**ことは間違いないと思います。

◆「人材を地方で獲得したい」という企業の本音

サテライトオフィスを利用しての企業の地方進出が増えてきた裏には、じつは**「隠れた企業の本音」がある**と私は睨んでいます。

それは**「優秀な人材の確保」**です。

最近では東京を中心とした都会ではどの業界でも極端な人手不足なので、**地方に進出して埋もれている人材を発掘して採用したい**という企業が少なくありません。

前述したように、管理部門やＢＰＯ部門をサテライトオフィスで行うためには、それ相応のスキルをもつ人材が必要です。

そこで、その地方で首都圏と同じレベルの人材が集まるか否か試すことをサテライトオフィス進出の条件に考えている企業もあります。

正直に、**「マネージャークラスが獲得できたら進出します」と語る企業もある**ほどです。

もちろん、**「地方に行けば人材がとれる」というほど現在の日本の労働市場は甘くはありません。**

ある自治体が企画した「進出希望企業の現地視察ツアー」の実態を見ると、その地方への進出にとても前向きでこのツアーに参加した企業が、むしろ視察後にモチベーションダウンしてしまったケースがありました。

その理由は、**地域に「IT人材がいない」**のがわかったことでした。

現地の人材派遣会社の担当者とのやりとりの中で「そんな人材をこのエリアに求められても無理です」と断られたことで、地方進出の熱意が冷めてしまったのです。

それほど、**サテライトオフィスを使っての企業進出には「人材確保」が大きな課題**となっているのです。

◆2025年、日本の「人手不足」は583万人に！

パーソル総合研究所は「労働市場の未来推計」において**2025年に日本が583万人の人手不足になる**という予測を提示しています。

図1は、「サテライトオフィスの設置で働ける可能性のある人」の推計結果です。

この調査は、「未就学児の母親」「就学児の母親」「介護者」「60歳以上のシニア層」を対象とし、このうち働きたくても働けていない人は432万5000人、その中でも自宅近くに**サテライトオフィスがあれば働ける可能性のある人は135万9000人**であること

図1　サテライトオフィスの設置で働ける可能性のある人〈推計結果〉

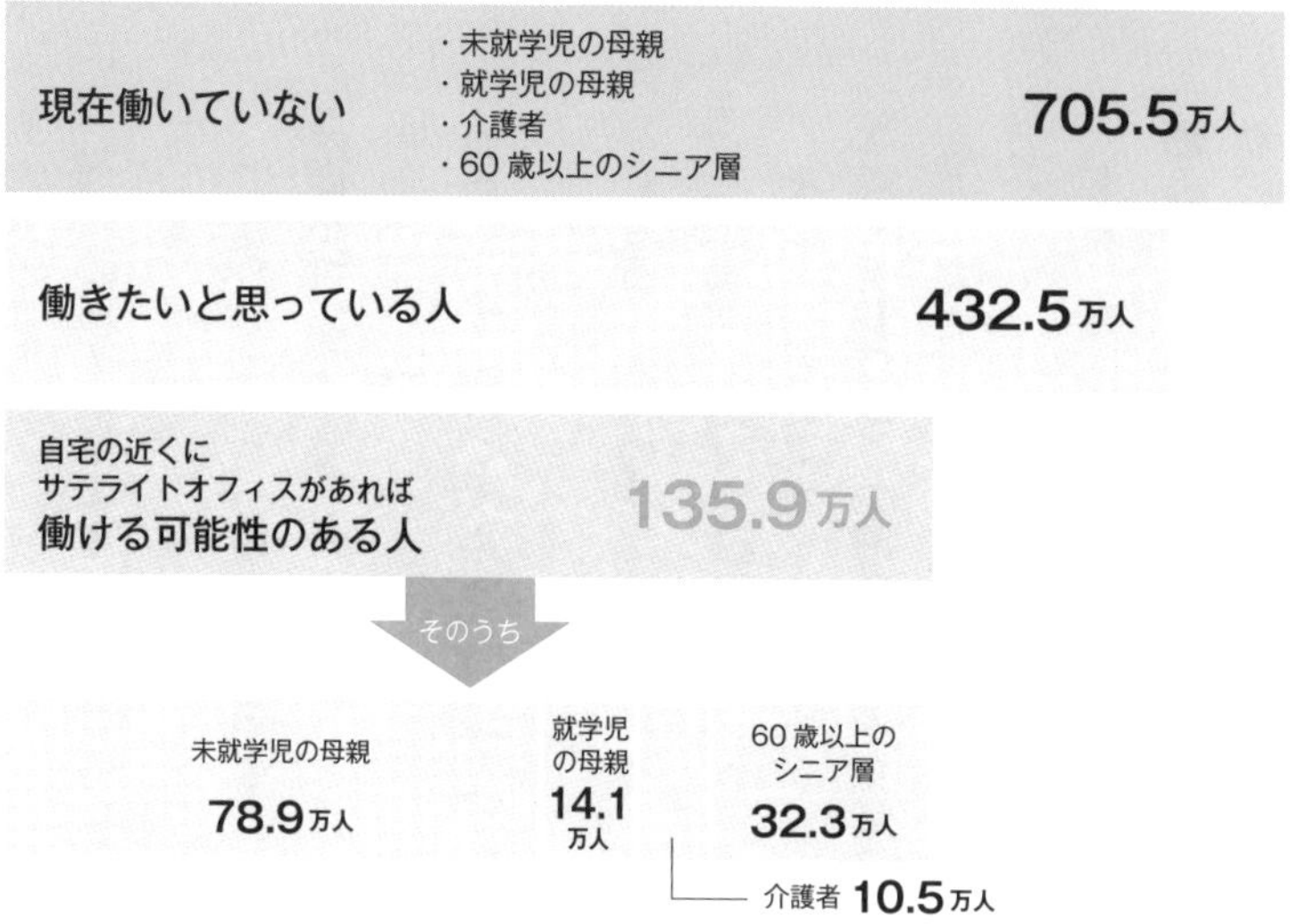

図2　現在働いていない人々のスキルや経験の状況

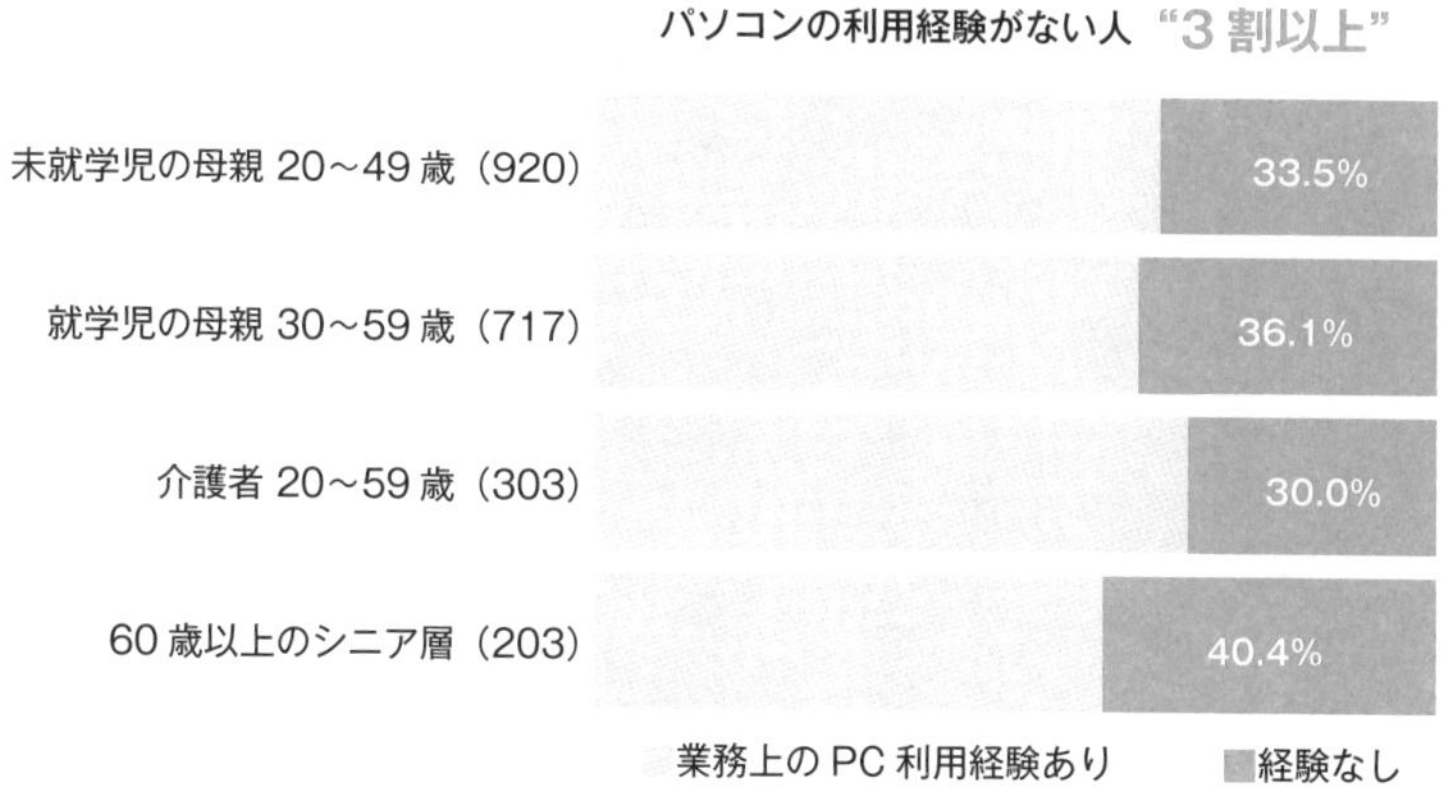

出所：パーソル総合研究所ホームページより
https://rc.persol-group.co.jp/thinktank/spe/satellite-office/

がわかりました。

ただし図2が示すように、このなかで**パソコンを使ったことのない人が3割以上**を占めています。

これらの人たちの**雇用を創出するためには、「デジタルスキルアップ」をはかることが必要不可欠**なのです。

◆デジタルスキルをもったテレワーカーの活用

もちろん人材の状況は地方によって異なりますが、スキルのある人材をフルタイムで雇うとなると、日本中どこにいっても難しいことは間違いありません。

そこで、私たちはこのようなケースに対応するために、**人材をフルタイムで雇うのではなくてテレワークで雇うことを企業に提案**し、前述のようにリ・スキリングしてスキルアップした地方の人材を紹介することもあります。

本来、テレワークは「地方に定住して都心の仕事を行う」ことができるのが魅力ですが、**都心からやってきた企業のサテライトオフィスの仕事を、テレワークで行ってもいい**のです。

むしろ企業にとっては、**地域内にスキルをもったテレワーカーがいることが、安心してその地方に進出できる**理由になります。

その意味で、**「テレワークのためのリ・スキリング」と「サテライトオフィスを使っての地方進出」は密接な関係にある**のです。

Question 21

Q 「地方創生3・0」の企業誘致が失敗する原因は何でしょうか？

A 企業を撤退させないために、人材育成、コミュニケーション面での継続的な支援がカギとなります。

サテライトオフィスが増えている反面、地方への企業進出には「大きな落とし穴」があることを忘れてはいけません。

図3を見ていただけたら一目瞭然ですが、**進出する企業が増えるにつれて、数年間で撤退する企業の数も右肩上がり**なのです。

図3　サテライトオフィスの開設状況（年度別、全国ベース）

令和２年度末時点でのサテライトオフィス開設数は916カ所であるが、令和３年度に505カ所が開設、73カ所が減少し、令和３年度末時点でのサテライトオフィス開設数は1,348カ所となっている。

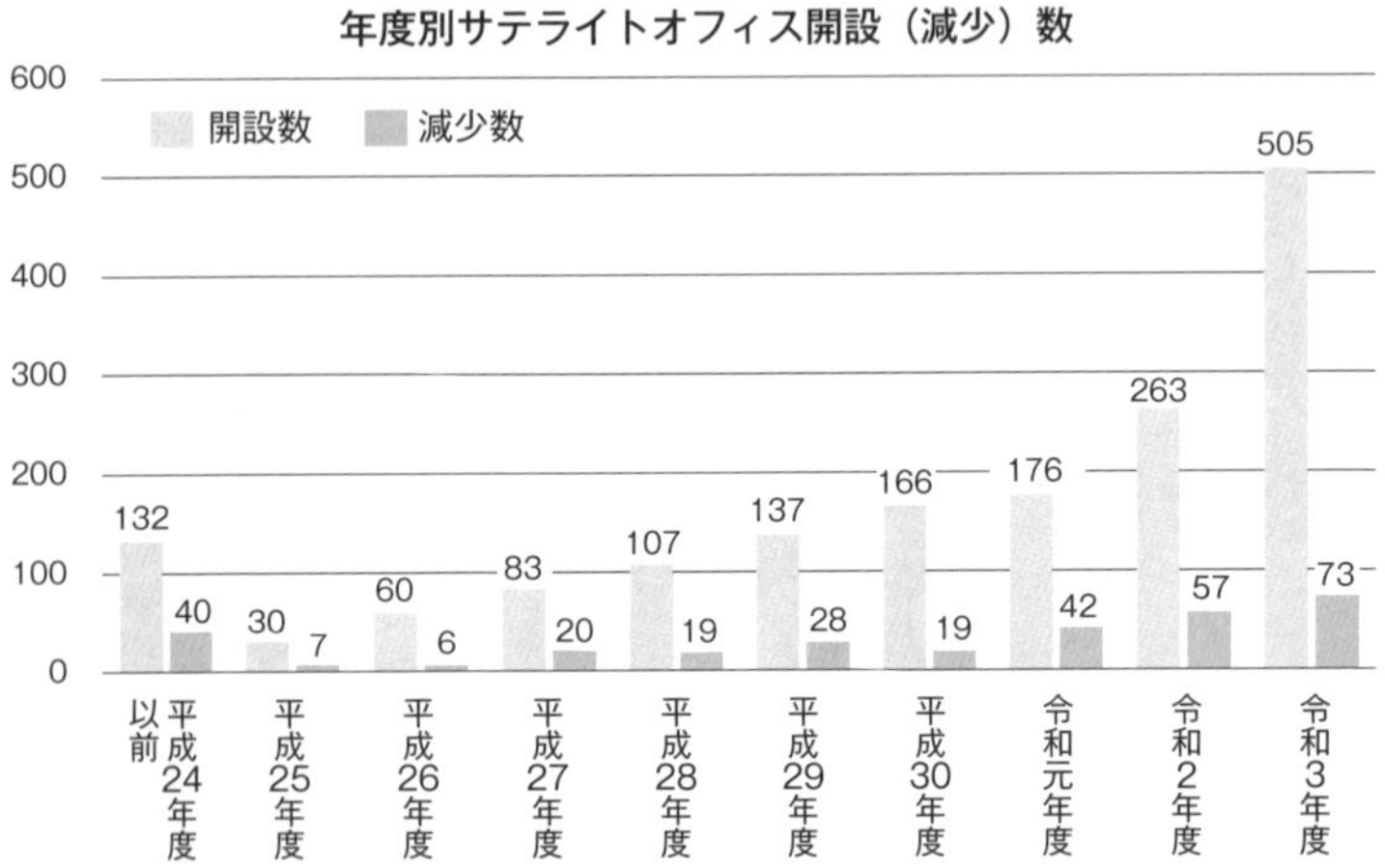

92	115	169	232	320	429	576	710	916	1,348

出所：総務省ホームページより

これまた、これまでの地方創生1・0や2・0の時代との大きな違いです。

これまでの企業誘致は、第二次産業の大きな工場を誘致することがメインでした。

そのためには、誘致する自治体の準備も大変です。

工場用地を取得造成して工場が建設できる環境を整えたうえで、国や県の力も借りながら大企業と交渉しなければなりませんでした。

企業の側から見ても、工場の建設は大規模な投資になりますから、慎重に進出の可否を問います。

一度進出したら、最低でも10年単位で工場を稼働させなければなりません。

工場の稼働後数年で撤退するというわけにはいかなかったのです。

ところが、サテライトオフィスを使っての地方進出には、そのような制約はありません。コストもそれほどかかりません。

データを見ても、令和3年度（2021年度）までのサテライトオフィス撤退は累計311カ所。**新規開設数累計の約19％が撤退している**という数字が出ています。

地方進出しやすいけれど、撤退も早い。

それが**サテライトオフィスの実態**なのです。

◆企業の進出後に明らかになった課題

なぜ撤退が早いのか――。

それは、**進出した地方には、事業を継続するための課題が多い**からです。

総務省が調べたデータによると、地方に進出した企業が抱える課題とは、次のようなものになります。

・地元のデジタル人材の不足

・進出後の企業への支援不足
・地元企業などとのビジネスマッチングの機会不足

やはり**人材不足は課題の最上位**にきていて、進出企業の大きな課題になっています。

そういう課題を前にして、進出企業が自治体に望むサービスはどんなものなのか。

経済産業省の令和3年4月「地方移転に関する動向調査結果」によると、次のようになります。

・建物の維持費用に対する補助金、税制優遇……35・9%、
・人材の紹介サポート……21・3%
・地元企業や関係機関、経営者との交流、ビジネス機会の創出……16・6%
・住居や教育機関、保育施設の紹介など、移住者および家族に対する支援……14・4%
・移住者と移転先住民、移住者同士のコミュニティの形成支援……8・4%

1位の補助金や税制優遇は、どの自治体でもある程度用意しているものであり、進出企業にとっては「あるに越したことはない」という存在だと思います。

かつて地方創生1・0や2・0の時代には工場誘致がメインでしたから、工場建設費や

創業時の事業支援として、補助金や優遇税制は大きかったのです。

けれどこれらの制度は、どの自治体でも3年が限度です。それ以上は続きません。大規模な工場なら、その3年間で事業を安定させて、それ以降も工場は稼働していました。ところがサテライトオフィスで進出してくる小規模な企業は、この3年間が終わってしまったら事業が苦しくなるケースが多いのです。

補助金や交付金、優遇税制を整備しサテライトオフィスを用意して企業を誘致しても、約19％もの企業が早期撤退していくという現実があります。

◆進出企業が「真に望むもの」とは？

サテライトオフィスの企業は、補助金が切れたらそれで終わり、というケースが少なくないのです。

だから、補助金や優遇税制はあって当たり前。

それが終わっても企業に残ってもらうには、「サテライトオフィス」という進出しやすいベースを用意するとともに、**デジタル人材を中心とした「地元人材の確保・育成支援」**、そして、**テレワークを活用した「新しい働き方の環境づくり（とくに女性活用）」**がカギになります。

また、ここで自治体関係者に注目してもらいたいのは、2位以下のサービスについてです。

つまり、進出企業に長く留まってもらうためには、**2位にあげられた「人材確保」や、3位以下の「地元とのマッチング」「移住者（社員）の支援」「地元とのコミュニティづくり」などの支援があることが大切**なのです。

裏返すと、そこをサポートしてくれる自治体には、進出のモチベーションが高い。

つまり、**企業が地元に移転してきたらそれで終わりではなく、それ以降も細かな対応を企業側は求めている**のです。

そして、そのような対応ができるところが企業誘致3・0に成功していく自治体になる、ということがいえると思います。

コラム

きめ細かいケアで、企業進出をサポート【熊本市の事例】

その意味で非常に手厚く進出企業をケアしている自治体のひとつに、熊本市があげられます。

九州では福岡市に次ぐ大きな自治体（人口約73万8000人）ですが、企業誘致に関して非常に優秀な実績を残しています。

それは、昨今話題になっている、世界最大の台湾の半導体メーカーＴＳＭＣが隣接する菊陽町《きくようまち》に進出していることの影響もありますが、それだけではありません。

進出企業に対するケアが、非常に行き届いているのです。

熊本市は、**東京都内に「熊本市東京事務所」という出先機関**をもっています。

そこに**職員が常駐して、都内の企業に対して常にリクルーティングをかけます。**

ことに若者や女性層に人気のＩＴ関連企業やサービス関連企業に対しては、電話をかけたりメールを出したりして熊本進出の希望を聞き、個別面談会やセミナーを開き、進出意欲の高い企業を視察ツアーに招待したりもします。

私たちは、熊本市の依頼を受けて、メタバース空間にくまモンが登場する**「熊本市の情報館」**をつくり、これまでの企業誘致情報のアーカイブが見られるようにしています。

熊本市のひとつの特徴としては、熊本市内と近郊には熊本大学をはじめとして大学が多いので、進出企業は新卒学生が容易に採用できることがあげられます。

これまでなら卒業生は福岡市や東京、大阪に出てしまうケースが多かったのですが、**地元に留まりたい学生をリクルートできることが、進出企業には大きな魅力**になっています。

また熊本駅の近くには「クロスポイント」という施設があり、ここでは**進出企業と地元企業の交流行事**や、**スタートアップ企業のケア**が行われています。

さらに誘致案件によっては熊本県庁とも一体となり、**県と市が手を組んで企業誘致に取り組みます。**

この両者の仲がいい都道府県はじつは意外に少なくて、熊本市と県の関係は、特筆すべきものだと思います。

ここまで述べてきた「企業誘致3・0」のありかたをまとめると、次の3つのフェーズになります。

「企業誘致3・0」3つのフェーズ

1 規模は関係なく、業種を絞ってアプローチをかける
2 テレワークで人と仕事をマッチングする
3 リ・スキリングなど、人材育成を継続して行う

このように**誘致戦略の立案から誘致に至るまで、一貫性をもって対応することが大切**なのです。

第2章まとめ

- ☑ 企業誘致には、ミスマッチを防ぐため、事前に地域の強みと弱みを「見える化」する必要がある
- ☑ チェックポイントは、「アクセス」「人材」「自治体のサポート体制」「地元産業とのコラボ」の４つである
- ☑ 都心からの「距離」には、「絶対距離」「時間距離」「コスト距離」「環境距離」「情熱距離」の５つの種類があり、地方創生にいちばん大事なのは「情熱距離」である
- ☑ 企業誘致は規模を問わず、若者や女性に人気のＩＴやデザイン関係など、業種で選ぶことが大切である
- ☑ サテライトオフィスの設置は、地元の人材を活用する大きなチャンスだが、その前に人材育成を行うことが必須である

第3章

「地方創生3・0」で求められる仕事は
大きく変わった！

地方に仕事が どんどん生まれる 「3つのポイント」がある！

第1章、第2章を踏まえてこの第3章では、**地方創生3・0の本丸である「地方で仕事を創出する」**というテーマで語っていきたいと思います。

地方創生3・0で求められる仕事の条件を3つあげると、

- **ポイント①　若者や女性層が好むような仕事**
- **ポイント②　東京の報酬と同じ程度の収入を確保できる仕事**
- **ポイント③　必ずしもフルタイムではなく、自分の好きな場所で好きな時間に仕事ができるような環境**

となり、**この3つを兼ね備えた仕事**をイメージしています。

決して簡単なことではありませんが、現実にこの条件をクリアして動き出している自治体や個人の事例があります。

そのケースも紹介しながら、進めていきたいと思います。

Question 22

若者や女性たちが、まちを出て行かずに仕事ができる環境をつくれますか？

A ▼ 「テレワーク」を活用した仕事の創出がおすすめです。

地方での「仕事創出3・0」を実現するためのひとつの方法として、私たちの会社は、**自治体と組んで「テレワーク」という技術を使った仕事の創出**に取り組んでいます。

時間や場所にとらわれずに働くことができるテレワークの主な利点は、次のようになります。

- そのまちを出て行くことなく、「東京基準の収入」を得ることができる
- 地方に住みながら、「若者や女性層が好む仕事」を地方にもってこられる

そして住民の方がテレワーカーとなるためには、みなさんの**仕事へのスキルアップ（リ・スキリング）**と、**自治体としての首都圏からの企業誘致の両軸が必要**だと考えます。

・テレワークで東京や大阪などの「絶対距離」や「時間距離」が離れた企業の仕事を誘致する
・若者や女性層が好む業種の企業の仕事をテレワークで創出する

自治体としてこの両軸が立てられたら、地域での仕事の創出は可能になります。

ここではまず、地方で若者や女性層が喜んでくれる仕事をつくり出すために、**次の3つの取り組みが非常に密接にリンクしている**ことをご理解いただきたいと思います。

◆「リ・スキリング」×「企業誘致3・0」×「人材育成」

①リ・スキリング

ひとつめは、テレワークという手法を使って、いつでもどこにいても仕事ができる環境を身につけていただくために、市民（または移住者や2拠点生活者）の「リ・スキリング」の作業が必須になります。

リ・スキリングは、**新しい知識やスキルを身につけ、実践し、新しい仕事に活かすこと**です。

市民や移住者たちにテレワークのスキルを身につけてもらい、その人に相応しい仕事とのマッチングをはかれば、**若者も女性層も、もうまちを出て行かなくて済みます**。

また、そういう仕事のチャンスがたくさんある自治体だということになれば、移住者や2拠点生活者も増え**人口減少に歯止めがかかります**。

そうやって**人口減少対策にもつながる「仕事創生」こそが、「バージョン3・0で求められる地方創生」**なのです。

ひとことでリ・スキリングといっても、それは**前職のリアルワーク時代のスキルを使いながらリ・スキリングするパターン**と、**前職とはまったく違う業種に身を置きながらテレワークに向くようなスキルを身につけていくパターン**があります。

さらに「そのスキルを身につけたあと、どうやって仕事と出会うのか？」ということもポイントになります。

リ・スキリングについては、次の章で詳しく述べます。

②企業誘致3・0

2つめのポイントは**「企業誘致3・0」**です。

自治体が企業を誘致して雇用や定住者を増やそうとするのは地方創生1・0の時代から行われていますが、バージョン3・0になった地方創生の現場ではどんな形で企業誘致が行われているのか、また、自治体はどんな企業を誘致すべきなのでしょうか。

これはこのあと、詳しく述べたいと思います。

③人材育成

そして3つめは**人材育成**です。

地方に進出した企業の最大の悩みである「優秀な人材」をどう探すか、これも大きな課題です。

こちらも、後ほど解説していきます。

この3つは、**それぞれ互いに深くリンク**しています。

繰り返し語っていきますが、それぞれに大切なポイントなので、整理して読んでいただきたいと思います。

では、地方創生3・0において、最も大切な「仕事の創出」は具体的にどうやって実現するのか、さらに詳しく語っていきましょう。

Question 23

地方に人材がいても、都心にいる人のほうが、物理的な面でも、やはり仕事のスピードは速いですよね？

A

テレワークなら全国どこにいても、都心で働くのと同じスピードで仕事がこなせます。

「地方には若者が少ない」というのが私たちのイメージです。

多くの若者は高校大学を卒業すると都心に出てしまいますから、地方の若者人口の減少は激しい、だから企業が使える人材もいないだろうと思い込んでいるのです。

でもそれは、**都会に住む人たちの思い込み**です。

たとえば、子育て中のお母さんや故郷に戻って親の介護をしている女性たち。

そういう人の中には、企業でバリバリ働いてきた人や、パソコン能力に長けた人も大勢います。

会社員になって毎日オフィスに通うことはできないけれど、たとえばテレワークとか短時間の労働ならば喜んでやってくれる人たちです。

そういう労働人口を考えれば、**「地方には即戦力となる人材がいない」**というのは幻想だといえます。

むしろ**地方では、地域のネットワークにさえうまくつながれば、人間同士のつながりが近いから、情報伝達のスピードが速い。**

人が集まるのにも、東京よりもスピード感があるくらいです。

◆地方は、いわば「人材の山」

地方には、そういう**「価値観の転換」**がありえます。

前に述べた秋田のコールセンターの例のように、**地方のネットワークにうまくつながることができれば、人材の確保も十分可能**なのです。

弊社の場合、**テレワークを本格的に始めたころは働いている人の7割は地方在住で、主だったメンバーの9割は東京以外に住む人**たちでした。

人手不足の首都圏では人集めは難しいけれど、地方に行けば人はいます。

能力はあるけど、活かす場がない——。

そういう人たちを活かすことを考えて、地方での事業を進めてきたのです。

人材不足に悩む企業はたくさんあります。**地方にはいわば「人材の山」が眠っている**ということでもあります。

いままさに、**地方に目を向けるとき**なのです。

Question 24

地方にも即戦力になる人材がいることはわかりました。でも費用を考えると、採用後のミスマッチなどの失敗は避けたいです。採用する前にできることはありますか？

A

仕事によっては適性を見て、人材教育が必要なこともあります。

テレワーカーを集めようとする場合、その経験者や適性をもった人を集めないと即戦力にはなりません。

けれど、いきなりそれは難しいので、現在では私たちも、応募してくれた人に対して**「適性検査」**を実施しています。

◆テレワーク適性検査の具体例

テレワークをお願いする場合、たいていは自宅でひとりで仕事をすることになります。

そういう環境で自制しながら仕事ができるかが大切です。

あとはＰＣの向こうで対峙する相手とうまくコミュニケーションがとれるか、時間管理を上手にすることができるか……などなど。

つまり、**「自律」と「コミュニケーション能力」の角度からその人を診断して、足りないところにはアドバイスを送る**ようにしています。

そもそも**テレワークがうまくできる人とそうでもない人には、それぞれ特徴があります。**

たとえば、もともとリアルワークで営業をやっていたＡさんと、以前は飲食店に勤めていたＢさんが同時期にテレワークで営業を始めたケースがありました。

ところがテレワークでの営業活動では、Ｂさんのほうが Ａさんよりも３倍に近い成果を上げてきたのです。

これはなぜなのかを調べてみたところ、次のことがわかりました。

Bさんは**複数の仕事を同時並行してやることができる能力**があり、切れ目なく仕事を完遂していました。

また、どんな相手にもチャットで対応しようとするAさんに対し、Bさんは**オンラインのコミュニケーション能力に長けている**ため、その内容に則して、メール、チャット、電話、ズームなど、**さまざまなツールの中から最適なものを選んでコミュニケーションしていた**のです。

Bさんのような能力があると、テレワークに向いているということがいえます。

つまり、**もともとデスクワークをしていなかった人でも、テレワークの適性が高い場合もある**のです。

ですから、**あらかじめ適性検査をすることで、人材選びの失敗を避ける**ことができます。

Question 25

現在就業していない女性が、もっと活躍できる場を増やしたいです。

A

自宅にいながら働けるテレワークを大いに活用しましょう。「キャリアカウンセリング付きテレワーク講座」を実施すれば、その人の適性がわかったうえで、スキルを身につけることもできます。

女性を対象に「テレワーク講座」を実施している自治体はいくつもありますが、テレワークという技術を就業に結びつけるには、もうひとつ壁を乗り越えないといけません。

私たちが委託を受けてテレワーク講座を実施した自治体には、石川県羽咋《はくい》市、熊本県錦町があります。

この2つのまちで共通しているのは、たんにテレワークのセミナーを行っただけでなく、修了後に**「キャリアカウンセリング」**も併せて行い、**就職活動にまで結びつけた**点です。

講座を受けにきた人がテレワークという「働き方」を学んだあと、それ以前の職場でどんなスキルとキャリアをもっていたのかをうかがいながら、**「キャリアの棚卸し」**をすること。

そのうえで、**新しい仕事とのマッチングを考えることが大切**だと考えます。

それもまた、地方に定住してテレワークで働く人を増やしていくためには大切なことです。

羽咋市の取り組みでは、内閣府の評価を受けて、**「地方創生テレワークアワード　地方創生担当大臣賞」を受賞**することができました。**たんにテレワークのやり方を伝授しただけでなく、就職活動までも含んだ取り組みにしたこと**が評価されたのだと思います。

羽咋市では、市がつくった長期計画の中に**「女性の活躍できる町」**という項目が入っています。市長自らの思いが込められた言葉です。

トップからの強いメッセージが伝わると、役場職員も本気で取り組むようになります。

そういう活動が広がる中で、地方で活躍する人材も生まれてくるのです。

Question

26

テレワーク講座で学んだ市民に、どうやって仕事を結びつけたらいいですか？

A

300種類の仕事の中から、その人に「最適な仕事」を見つけ出すシステムがあります。

◆養成講座の受講生に仕事を斡旋する

石川県羽咋市や熊本県錦町では**「女性に優しいまちづくり」**が根幹政策として進められていて、地域に住む女性たちに向けて講座を開き、「テレワーク」のスキルを提供しています。

まちを出て行かなくても安定した収入を得られるようになるための政策です。

2つのまちでテレワーク講座を実施してみると、予想以上の参加者がありました。

参加者は30代40代が中心になるかと思っていたのですが、70代の参加もありましたし、親子3代で参加というケースもありました。隣まちからきてくれる熱心な人もいました。

この講座への希望者が多いということは、**「この地域に住みながら、自分がやりたい仕事がしたい」という希望が多い**ことのあらわれです。

ここでは、このテレワーク講座から実際の仕事と出会うまでの流れを「3ステップ」で解説してみましょう。

STEP1 受講生のスキルアップをはかる

私たちが委託を受けた羽咋市でも、錦町でも、**「テレワーク講座」の対象はパソコンに対してまったくの素人でもOKという条件**にしました。

最もビギナーの人を対象とした講座は、パソコンやスマートフォンがちゃんと使えるようになりましょう、というところからのスタートです。

その後、だんだんとレベルアップして、ワードやグーグルカレンダー、パワーポイントなどを使えるようにします。

次のようなプロセスで約3カ月かけてトレーニングして、ある程度のレベルまでもっていきます。

①「デジタル基礎講座」

在宅ワークに必要な**パソコンやスマートフォン、周辺機器、インターネットに関する基礎知識とグーグルアプリの基本的な操作**について学びます。

〈学ぶ内容〉

パソコンOS／インターネット／はじめてのグーグル／Gmail／カレンダー／ドキュメント、スプレッドシート、スライド／ドライブ／チャット、meetなど

②「コールセンター業務講座」

座学を中心に在宅ワークの基本である**コールセンター業務の基礎**について学び、ルールやセキュリティなどの知識を身につけます。

実際にパソコンを使い、**コールセンター業務を体験**します。

〈学ぶ内容〉

在宅ワークのルール／情報セキュリティ／在宅ワークにおけるチャットコミュニケーション／PCフォン／接遇用語／基本対応／敬語の使い方など

③「オフィス ワード講座」

オフィス文書作成ソフトの基礎として、**ワードのパソコン操作の基礎スキル**を学びます。

〈学ぶ内容〉

新規文章作成／ページ設定／挨拶文／範囲選択と文字列の操作／書式設定／箇条書き／表作成／段組設定／ヘッダー、フッター／図形の挿入と編集など

④「オフィス エクセル講座」

オフィス表計算ソフトの基礎として、**エクセルのパソコン操作の基礎スキル**を学びます。

〈学ぶ内容〉

新規ブック入力／データ入力／範囲設定／書式設定／オートフィル／関数の基本／絶対参照と相対参照／複数シートの連繫／グラフ作成、フィルターなど

STEP2 テレワークの適性検査の実施

これらの講座を受けていただく中で、パソコンのスキルチェックとともに、すでに160〜161ページでも述べたような**「テレワーク適性検査」**も行います。

STEP3 テレワークで用意された３００種類の仕事の中からマッチングする

テレワークのスキルを学んでもらう人たちに対しては、私たちはこう語っています。

「テレワークには３００種類の仕事があります」

「その中からあなたのスキルと希望に合わせた仕事とのマッチングを探りましょう」

パワーポイントやエクセルの技術を習得した人には、実際のテレワークの仕事に就いてもらいます。

このときのテレワークの特徴は、**約３００種類ある仕事の中から自分に合った仕事と出会ってもらって、その中のひとつの仕事を徹底してもらう**ことです。

たとえばコールセンターの仕事では、電話をかける人と電話を受ける人はそれぞれ分かれます。どちらか一方を徹底してやってもらうのです。

そのほかには、テーマに沿ってデータを集計する人、メールやチャットを受ける人、企画書をつくる人など、それらの仕事を合わせると約３００種類にもなります。

テレワーカーのみなさんには、それらの中のひとつの仕事を徹底的にやってもらうイメージです。

リアルの仕事では、こんなにも細かく役割分担はしないはずです。

けれど**テレワークでは、仕事を間違えないことが大切**なので、このやり方をとっています。

マネージャーはその人のもっているスキルと強みを活かすように、集まったメンバーの特徴を組み合わせてひとつの仕事を完遂するチームをつくっていきます。

仕事を細かく分担しやすいことも、テレワークの利点です。

その人のスキルレベルに合わせて、無理のない範囲で仕事をスタートするので、仕事を継続しやすくなります。

このように、**実際の仕事に就きながら実務経験を積んでいき、さらに幅広い業務をこなせるように、スキルアップをはかっていく**のです。

Question 27

テレワーカーには具体的にどんな種類がありますか？

A

大きく分けて、「職人型テレワーカー」と「マネージャー型テレワーカー」の2つがあります。

ひとことで「テレワーカー」といっても、さまざまな業務やポジションで仕事をする人がいます。

弊社では、企業からの需要の多い２パターンのテレワーカーを中心に人材育成を行っています。それは次のような形です。

★職人型テレワーカー（データ集計）

「職人型テレワーカー」は、主にテレワークでデータ集計をする人のことです。

仕事の一例を紹介すると、「都内のＩＴ企業で従業員１００人以内の企業のデータを集めて」というオーダーがあった場合、弊社が契約しているデータベースからこの条件にあう企業をピックアップします。

けれど、拾い出しただけではその企業の現在の状態や最新の情報はわからないので、さらに検索をかけて、この企業の動向を細かく調べます。

たとえば「地方進出を望んでいる企業」というデータを調べるときは、社長や幹部クラスの出身地や出身校なども調べて、「故郷に錦を飾りたがっているか否か?」というようなことなど、枝葉のような情報も収集するのです。

そういう**データを収集する作業を1日8時間行える人**を**「職人型テレワーカー」**と呼んでいます。

★マネージャー型テレワーカー

その一方で、**何人かのテレワーカーを集めてチームをつくり、チームをマネジメントするテレワーカー**もいます。

それを**「マネージャー型テレワーカー」**といいます。

マネージャーは対面では会わないスタッフをオンライン上でまとめて、**各自に適した仕事を振りながら仕事を進めます**。

もちろん、**「職人型」と「マネージャー型」の仕事を兼務する人もいます**。

あるいはクライアントのA社の仕事のみに特化する人もいるし、いくつかのクライアントの仕事をかけもちしながら、同一職種（たとえばデータ集計）だけをする人もいます。

テレワーカー養成講座を受講した人にスキルが身についてくれば、「職人型」か「マネージャー型」か、その両方か、その人にあった仕事を私たちが紹介することができます。

Question 28 「マネージャー型」のテレワーカーとは、具体的には、どんな仕事をしていますか？どうすればなれますか？

A

次のような形で、「マネージャー型」のテレワークを実現している人がいます。生活環境や家庭環境によって、さまざまな働き方を選択することができるのが特長です。

前述のようなプロセスを経て、「マネージャー型」のテレワーカーになった人のケースを紹介します。

それぞれ家庭の事情などで職場環境を変えたものの、これまでのキャリアを存分に活かしながら活躍している人たちです。

ぜひ参考にしてみてください。

まずは、家業である農業に従事しながら、テレワークでプロジェクト・マネージャーも務める細田正崇さんの例です。

ケース❶ 鳥取県で家業の梨農家と兼業でテレワークをする細田正崇さん

細田さんは鳥取県鳥取市在住の43歳。

江戸時代から続く農家の長男として生まれ、現在は約1・5ヘクタールもの畑をご両親とお姉さんたちとで3等分して、梨と柿を栽培しています。

現在の生活は、朝4時半に起きて5時から6時まで畑に出て農作業を行い、朝食をとって7時から弊社のテレワークをします。

図4　細田さんの1日

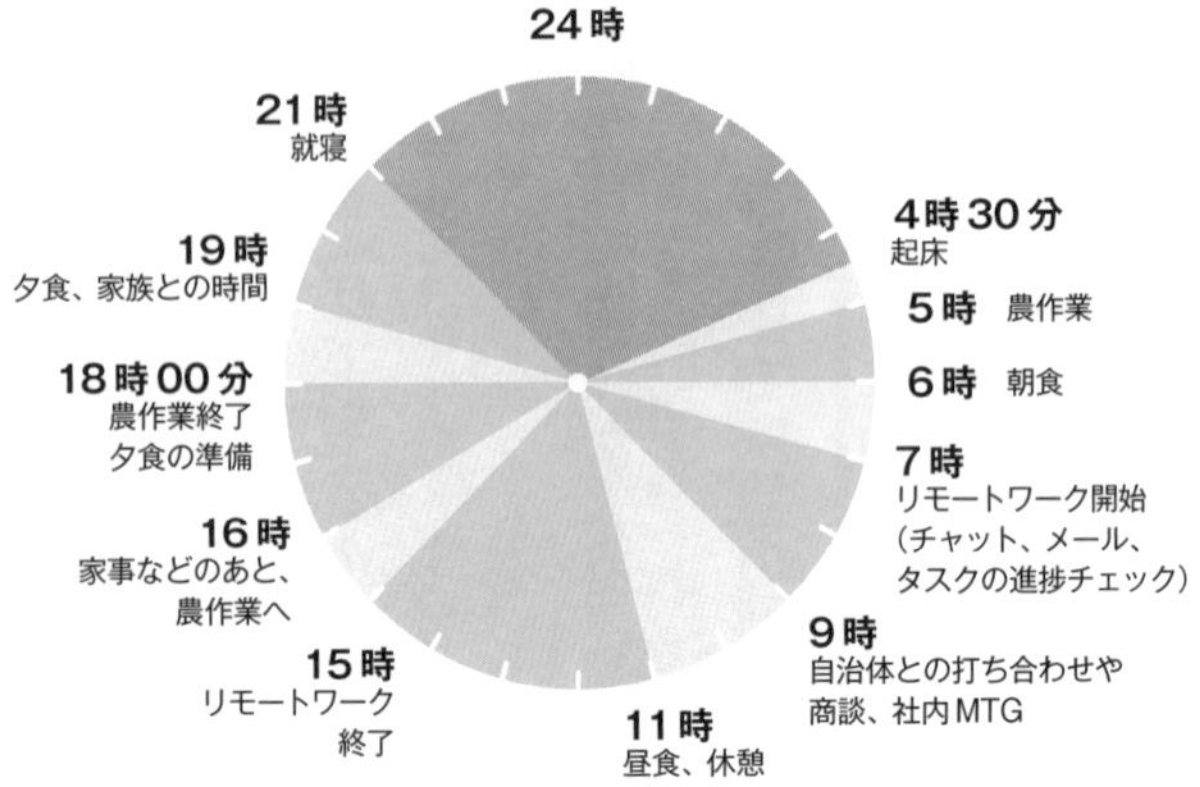

そして午後4時ごろにはまた畑に戻って、6時半ごろまで農作業、というルーティーンです（図4）。夏場は朝の仕事が長くなり、冬場は逆に短くなります。

◆テレワークをチームで行う

テレワークはチームで行っていて、細田さんはプロジェクト・マネージャーです。

仕事の流れとしては、まず営業担当が全国の自治体と交渉して、地方創生をテーマとするプロポーザル（企画競争入札）案件を受注します。プロジェクトごとに調査チームをつくって、その自治体のことを徹底的に調べます。

特産品は何か、商工会の理事はどんな業界の人か、ネットに出ている自治体のまちづくり総合5カ年計画やこれまでの実績、自治体の特徴、自治体の求めているものは何か……などなど、さまざまな角度から調べていきます。

その企画では移住人口を増やしたいのか、関係人口を増やしたいのかなどを確認し、調べたデータを使って、自治体が望む企画書を作成します。

そして、そのようにして受注したプロジェクトを完遂する流れです。

社内の階層は３段階になっていて、最上位にディレクター、その下がマネージャー、その下にリーダーとテレワーカーがいます。**チームのメンバーに指示を出して全員で目指すプロジェクトを完遂することがマネージャーのミッション**です。

つまり細田さんは、**「職人型」でもあり「マネージャー型」でもあるテレワーカー**ということになります。

◆故郷を存続させるため、地方創生の仕事がしたい

細田さんが株式会社イマクリエに入社したのは２０２２年の７月でした。

振り返れば細田さんは就職氷河期の時代に大阪の映像専門学校を卒業し、４年間東京の映像制作会社で働いていました。しかし無理して働いたことで体を壊し、鳥取に戻ってきました。

鳥取では広告代理店に入ったのですが、次第に実家の農業に興味が出てきて、35歳のときに会社勤めをしながら農業の手伝いを始めることにしました。

テレワークという働き方と出会ったのは、農業の手伝いを始めて5年経った２０２１年、世の中がコロナ禍となりテレワークが広がりはじめたころでした。

当初は単発の仕事をネット経由で受注したりしていましたが、そのときから「移住や地方創生をテーマに仕事がしたい」と思っていました。

すでに帰省してから鳥取の移住アドバイザーや地方創生のＮＰＯなどで、移住促進、地域活性化、空き家対策などの活動をしていました。

鳥取は全国で人口がいちばん少なく、細田さんが住む南部町《なんぶちょう》も、昔あった商店がほぼなくなり、学校帰りに寄った駄菓子屋もなくなりました。

なんとか故郷を残したいと思って、「テレワーク×地方創生」で検索したところ、弊社との出会いがありました。

◆無理なく「二足のわらじ」をこなせる、柔軟な働き方

「農業をやりながら正社員になるのは難しい」

そう思っていた細田さんですが、現在の働き方は柔軟で、朝夕で農業をやって日中のコアタイム（10～15時）でテレワークをすればよく、農業が忙しいときは有休やフレックスタイムが使えると聞いて入社を決めました。

一方、弊社にとっても細田さんが面接を受けた２０２２年は、転機でした。

それ以前は自治体の地方創生案件は年間２～３件受注するペースだったので、社内でもＢＰＯ事業部（アウトソーシング事業部）内の一部署だったのです。

ところがコロナ禍の影響で２０２２年からは地方自治体関連の仕事が約10倍の年間20件以上となり、「地方創生支援部」がひとつの部署として格上げとなりました。細田さんはそこへの配属となったのです。

細田さんは鳥取の広告代理店時代から地方創生の仕事を手がけていましたから、弊社にとってもいい人材との出会いになりました。

◆経済的安定と地方創生の「一挙両得」

新規就農は経済的に不安定です。

果樹農家の場合、木が育って収入が得られるまでに最低3年はかかると言われています。

細田さんはその間の収入を安定させるために、テレワークでの仕事を求めていました。そして鳥取に帰ってきてからも続けていた地方創生の仕事を、イマクリエなら全国展開できると考えたのです。

細田さんにとってこの働き方は、経済的な面だけでなく、仕事の内容としてもぴったりでした。

テレワークを使って地域に雇用を創出するプロジェクトや企業誘致のプロジェクト、自治体活性化のプロジェクトなど、農業と兼業しながら、プロジェクト・マネージャーとしてまさにやりたかった仕事に携わることができたのです。

細田さんにとって、いまの生活はほぼ理想の生活だといいます。

農業をやりながら全国の地方創生の仕事も手がけられるし、収入的にも会社員時代から比べると上がりました。給与は東京基準なうえ、農業の収入もあります。立派に複業が成立しているのです。

農業の新規就農は5年間の離農率が約35%と言われているので、この最初の不安定期をどう乗り切るかが課題となっています。そのためにも細田さんは、周囲にもテレワークをすすめています。

現在弊社では、細田さんがリーダーを務めるようなプロジェクトが社内に30から40あまり稼働しています。

それらは自治体からのプロポーザルが始まると生まれ、プロジェクトが完了すると終わっていく。

そういう**有機体のような組織が多数活動している**のです。

Question 29

「テレワークは場所を選ばない」ということですが、時差のある海外でもテレワークは実現できますか？

A

実現可能です。時差をうまく利用して、24時間仕事が止まることのないシステムをつくり上げることに成功しています。

案件によっては、日本とのやりとりをしながら海外在住のテレワーカーが活躍することもあります。

時差をうまく利用して、仕事が滞ることのないよう回していくシステムをつくり上げ、業務をこなしています。また、デジタルコミュニケーションの種類を使い分けることにより、柔軟な働き方を実現しています。

次に、アメリカ在住のテレワーカーである小林朋子さんの実例を紹介します。

ケース❷

海外でテレワークをする小林朋子さん

現在アメリカ在住、数カ月前まではフランスで暮らしていた小林朋子さんは、現在弊社の基幹部門を司るマネージャーとして、欠かすことのできない人材です。

小林さんが、まだ生まれたばかりの娘さんをつれて家族3人でフランスに渡ったのは2017年のこと。

フランス人のご主人はミシュランタイヤに勤務していて、その本社があるクレルモン＝フェランというフランス中部のまちでの暮らしが始まったのです。

それ以前に日本での小林さんは、大手アパレルメーカーや、ビッグ4と呼ばれる外資系コンサルタント会社でキャリアを積んでいました。

引っ越してすぐに大学のフランス語講座に通い、生活の基盤である語学力を鍛える日々。

「働きたい」とも思ったのですが、語学力のこともありなかなか現地企業には採用されなかったといいます。

そんな生活が1年、2年と続きました。

◆テレワークとの出会いで「人生観が変わった」

夫と子どものネットワークから抜け出せず、仕事もできないでいる自分は何のために生きているのかわからない――。

小林さんがそんな孤独感に苛まれていたなか、弊社との出会いがありました。

それは２０１９年、まだコロナ禍前で世の中にテレワークが浸透する前のことでした。

日本の仕事がテレワークでできると聞き、小林さんは藁《わら》にもすがる思いで応募してみると、企画書や資料づくりの担当として採用されたのです。

そしてまもなく、転機が訪れます。

ちょうど弊社で人事担当者を探していたところ、私は現地の大学や商工会との仕事のた

図5　小林さんの1日（現地時間）

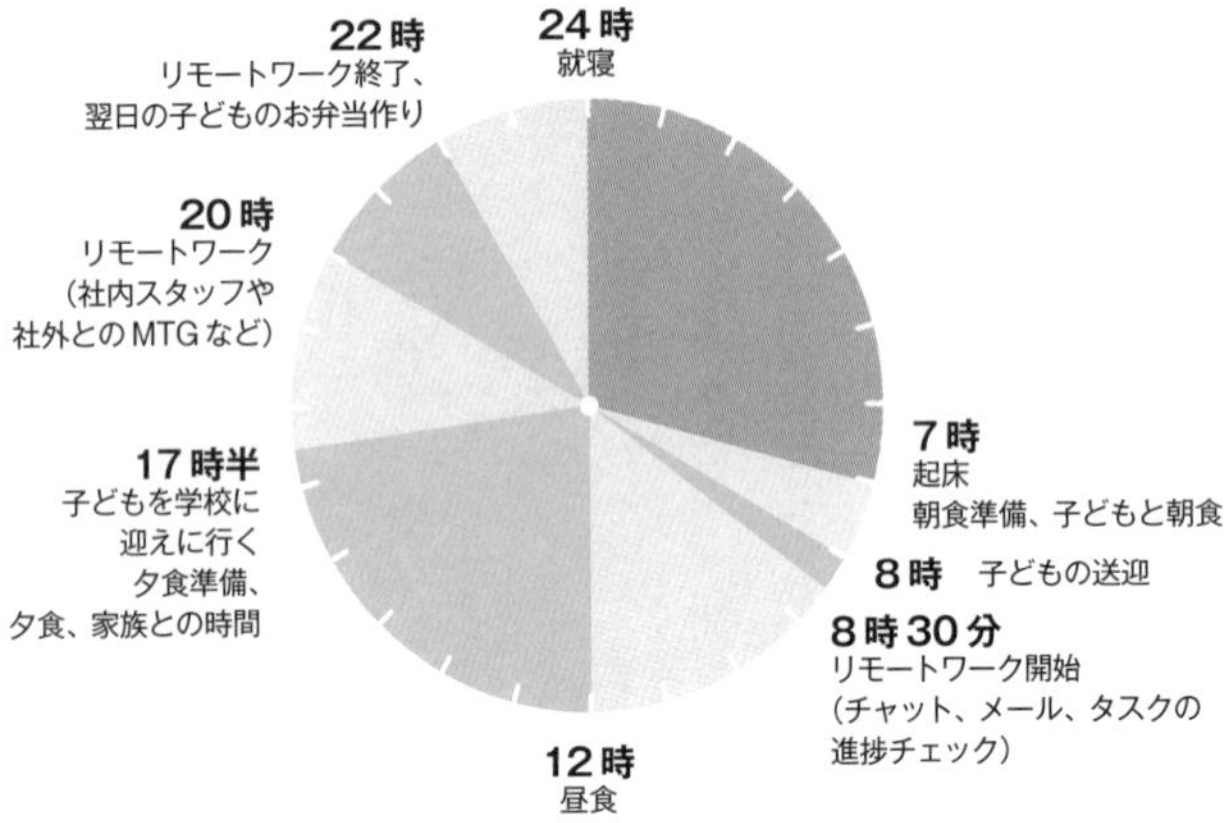

め渡仏する機会がありました。そのとき、前職で人事部にいた小林さんの顔が浮かび、直接会って打診してみたのです。

小林さんは、ぜひやってみたいと答えてくれましたが、不安もあったといいます。

それは、「人事は人と会う仕事なのに、テレワークでそれが完遂できるのか？　コミュニケーションはとれるのか？」ということでした。

しかし小林さんはこれをまたとないチャンスと捉え、チャレンジすることを選択しました。

そして、生活が一変したのです。

◆世界中のテレワーカーで仕事を回していくシステムを構築

そこから、フランス在住の人事担当者としての活動が始まりました。

小林さんの1日は主に次のような流れです。

まず朝目覚めると、すぐにチャットを確認して急ぎのものに返信します。

それが日本時間の午後2時か3時。

日本のマネージャーが仕事を終える時間を計算して、フランスの日中に質問などのメールやチャットなどに対応します。

その成果を夜クラウドの共有ドライブにあげておくと、日本の朝には確認してもらえます。日本のマネージャーが朝起きるときには仕事がひととおりできている、というルーティーンです（図5）。

世界規模の動きでいえば、日本で午後5〜6時に仕事が終わるころにヨーロッパのチームが動き出して、ヨーロッパのマネージャーに仕事が引き継がれる。

ヨーロッパが午後5時になると、次に南北アメリカ大陸のチームに引き継がれ、そこでの仕事が終わるときには、日本やアジアのチームが引き継いでいく。

そうやって**地球をぐるりと一周して仕事がつながっていきます**。

ポイントは、**「誰も無理して働いていない」**という点です。

この方法は、**人材の確保とコミュニケーションさえうまくいけば、とても効率がいい**のです。

◆グローバルコミュニケーションの基本ツールは「チャット」

弊社のコミュニケーションのベースは「チャット」です。

受け手のことをよく考えて、**仕事の引き継ぎから発注まで、すべてチャットで行います。**

仕事のフォーマットを可視化して、何が起きているか見えるようにしたうえでチャットします。誰もがコミュニケーションの取り方が非常にうまいのです。

基本的にチャットの文章はシンプルに、ダラダラと書かないこと。

ここでは書き言葉での文章力が問われます。チャットの最初に【要返信】とか【情報共有】とか書き込んで、**受け手が何をすればいいのかをわかりやすくします。**

長いコミュニケーションが必要な場合は、カレンダーを見て相手のスケジュールを確認したうえで、チャットからビデオ会議に移行します。そうやって、**コミュニケーションのツールも臨機応変に適宜変えていく**のです。

小林さんは人事担当になってから、日本のスタッフとは**なるべくズームを使って対面で**

コミュニケートできるように工夫しています。

週に2～3回は朝5時起きするなどしてズームミーティングを開始。途中、子どもの幼稚園の送迎で中抜けしますが、計4時間は日本のメンバーとコミュニケーションをとりながら時間を確保する工夫をしています。

採用面接の際は、働きながら転職活動をしている人や、ヨーロッパやアメリカから応募する人は日本の夜の時間帯の面接も希望されます。

ヨーロッパならば時差が少なく、無理のない範囲でそれらが行えます。

◆人事担当から広報へ、大きなキャリア展開も

2022年、小林さんのご主人のアメリカ転勤が決まったのですが、私は引き続き小林さんのマネジメント力を活かした仕事をお願いしたいということを伝えました。

そこで本人の希望もあり、広報の仕事につくことになりました。

移転先のアメリカ東海岸と日本の時差は14時間。それを踏まえて、できることとできないことを早い段階で明確にし、日本在住のスタッフを含む3人のチームで分担して業務を行います。

物理的にできない部分はチームでカバーし合うなどして、小林さんは会社のプレゼンス

を上げる広報活動を常に考え、日々の業務を行っています。

その結果、小林さんは**前職で積み上げてきたキャリアを現在も継続できている**のです。

小林さんのように**家族の事情で海外生活をしている人**や、**子育てや介護などでキャリアを途中で中断している人**はたくさんいます。バリバリのキャリアがあったのに、それを維持継続できずに悩んでいる人も少なくありません。

けれどテレワークなら、子どもが夜中に急に熱を出してしまったとか、家族の具合が悪くなったということがあっても、仕事を調整して医者に連れて行くことができます。

テレワークという働き方なら、キャリアを埋もれさせることなく、無理なく継続することができるのです。

小林さんのいう**「バリキャリママ・マーケット」は、眠れる人材の宝庫**かもしれません。

それ以外にも、時間や場所に縛られないテレワークは、**旅行しながら仕事をする「ワーケーション」も可能**です。

インターネット環境さえしっかり確保できれば、どちらかの休暇中にも家族で一緒に行動できます。たとえば家族がプールで遊んでいる間、プールサイドでＰＣを広げて仕事をするというようなこともできるのです。

家族で過ごす時間が増えるうえ、**転居などにとらわれずキャリアを継続することができるテレワークは、とても有意義な働き方**だといえます。

第3章まとめ

☑ 地方に仕事を創出するには、「若者や女性層が好むような仕事」「東京と同じ程度の収入を確保できる仕事」「必ずしもフルタイムではなく、自分の好きな場所で好きな時間に仕事できるような環境」の3つを意識することがポイント

☑ 「テレワーク講座」を行うことで、その土地にいるより多くの人材を活用することができる

☑ テレワーカーには「職人型」と「マネージャー型」があり、事前に適性検査を行うことで、ミスマッチを防ぐことができる

☑ その人に合わせた時間や環境で仕事ができるテレワークは、地方に仕事をつくるための有益な方法である

第4章

地域活性化のカギは「雇用創出」！

政府が推進する「リ・スキリング」の流れに乗り、「地方の人材力」を高める

岸田内閣が「地方創生」の目玉に掲げる**「デジタル田園都市国家構想」**では「デジタル人材の育成」を掲げ、その中の「骨太の方針」として、以下のようにリ・スキリングを強烈にプッシュしています。

これまで約30年間、日本経済は「低成長」「低賃金」というどん底にありました。

そこに**「人口減少」**と**「地方の疲弊」**が重なって、身動きがとれなかったのです。

そこで岸田内閣は、新しい資本主義を目指す「骨太の方針」として、

「リ・スキリングによる能力向上支援」

「個々の企業の実態に応じた職務給の導入」

「成長分野への労働移動の円滑化」

という3つの政策を掲げて、**「三位一体の労働市場改革」**を遂行しようとしています。

本書で掲げる**「地方創生」の文脈でも、この動きの中で具体的なアクションがとれると、国の支援も得られて成果を上げやすくなります。**

では、この流れに乗るためには具体的にどうすればいいのでしょうか？

政府が最初に掲げた**「リ・スキリングによる能力向上支援」は、コロナ禍によって盛んになったテレワークとの親和性が高い分野**です。

いままでデジタル環境がなかったり、デジタル機器のリテラシーが低かったりする人が、新たにそのスキルを身につけて（リ・スキリング）地方に移住したり、地方都市で生活しながら東京の企業の仕事を受託したりすれば、地方活性化のためのアクションにもつながります。

私たちは２０１８年から地方自治体の依頼を受けて、テレワーク講座を開いてきました。当初はある程度規模の大きな自治体からの依頼が多かったのですが、最近の傾向として、人口１万人から２万人程度の小さな自治体からの依頼も増えてきたことがあげられます。国の方針を受けて、**敏感な自治体はすでにリ・スキリングへのアクションを起こしている**のです。

この章ではそういう自治体のひとつ、三重県熊野《くまの》市の事例も参考にしながら、市民がリ・スキリングして自らのスキルを磨き、それを地方創生につなげる流れを見ていきましょう。

Question 30

政府が地方創生の目玉に掲げる「デジタル田園都市構想」の中で、強烈にプッシュされている「リ・スキリング」とは、どんなものですか？

A

「成長分野に優秀な労働力を集めたい」という狙いがあります。

先日、政府関係者に個人的に話を聞く機会がありました。

２０２３年６月に政府が出した**「骨太の方針～２０２４年度の活動方針」（正式名称は「経済財政運営と改革の基本方針２０２３」）**について、解説をいただいたのです。

これは非常に貴重な機会で、私としても今後の政府の方針を見極める意味で、とても大きな学びになる話でした。

そのときのメインテーマになったのも、まさに「リ・スキリング」だったのです。

◆地方創生にも「リ・スキリング」がキーワードとなる

このとき政府関係者が話してくれた「リ・スキリング」の取り組みは、以下のような流れでした。

政府としては、低成長の日本経済を回復させるために、成長産業に人材が集まる（移動する）ようにしたい、というのが今後の大きな課題であり方針だといいます。

成長のキーワードは「デジタル」。

DX（デジタルトランスフォーメーション）の加速が、今後の日本経済の行方を握っていることは間違いないといえます。

けれど、そのためには**より多くの人にデジタルスキルを身につけてもらわないといけない**という課題があります。

現状では、能力はあってもデジタルスキルに欠けているとか、これまで違う職種で別の能力を発揮していたとか、そういう人が多いのです。

そこで**「リ・スキリング」**が必要だということに至ったのです。

図6

三位一体の労働市場改革による構造的賃上げの実現と
「人への投資」の強化、分厚い中間層の形成

・人への投資を強化し、労働市場改革を進めることにより、物価高に打ち勝つ持続的で構造的な賃上げを実現。

●三位一体の労働市場改革

・リ・スキリングによる能力向上支援（5年以内に過半を個人経由での給付等）、個々の企業の実態に応じた職務給の導入、成長分野への労働移動の円滑化（失業給付制度の見直し、モデル就業規則の改正・退職所得課税制度の見直し等）。

●家計所得の増大と分厚い中間層の形成

・非正規雇用労働者の処遇改善、最低賃金の引上げ（今年は全国加重平均1000円の達成を含めて議論、今夏以降1000円達成後の引上げ方針についても議論等）や地域間格差の是正、適切な価格転嫁・取引適正化、資産運用立国の実現、資産所得倍増プランの実行。

●多様な働き方の推進

・短時間労働者に対する雇用保険の適用拡大の検討（2028年度までを目途に実施）、働き方改革の一層の推進等。

出所：内閣府「経済財政運営と改革の基本方針2023」より抜粋

政府としては、このリ・スキリング活動を進めていって、**多くの人にデジタルスキルを身につけてもらい、その人材を成長分野に集めたい。日本の産業構造を、デジタルの力で刷新したい**というのが基本方針です。

そして、**「経済財政運営と改革の基本方針2023」**にも、

「我が国は、世界に先駆けて、『新しい資本主義』の旗印の下、予算・税制、規制・制度改革を総動員し、グローバルリスクにも対応しつつ持続的成長を実現する」

とあります。

関係箇所をまとめると、次のように書かれています。

- 現在、企業が中心となっている在職者への学び直し支援策について、5年以内を目途に、効果を検証しつつ、過半が個人経由での給付が可能になるように、**個人への直接支援**を拡充する
- **教育訓練給付の拡充、教育訓練中の生活を支えるための給付**や**融資制度の創設**を検討する
- 5年で1兆円の**「人への投資」施策パッケージのフォローアップ**と**施策の見直し**などを行う

個人や企業、自治体も、この流れに乗らない手はありません。
今後の地方創生のひとつのキーワードも、「リ・スキリング」になるでしょう。

Question
31
リ・スキリングを進めている自治体の具体的な取り組み事例を教えてください。

A

三重県熊野市の取り組みがあります。ここでは「テレワークの基礎講座」から、リ・スキリングの動きが始まっています。

熊野市では、令和4年度（2022年度）から弊社の提案により「テレワーク」に興味をもっていただきました。

熊野市も、**人口減少、若者の減少、母親世代の女性の減少、中心市街地の衰退**などといった、全国どの自治体も抱えている問題に直面しています。

進学で都会に行った若者が、地元に仕事がないため戻れないという現実もあります。

パーソル総合研究所の調査（図7）でも、ＯＡスキルを身につけたい人の割合は6割以上という結果が出ています。

図7　OAスキルを身につけたい人は“6割以上”

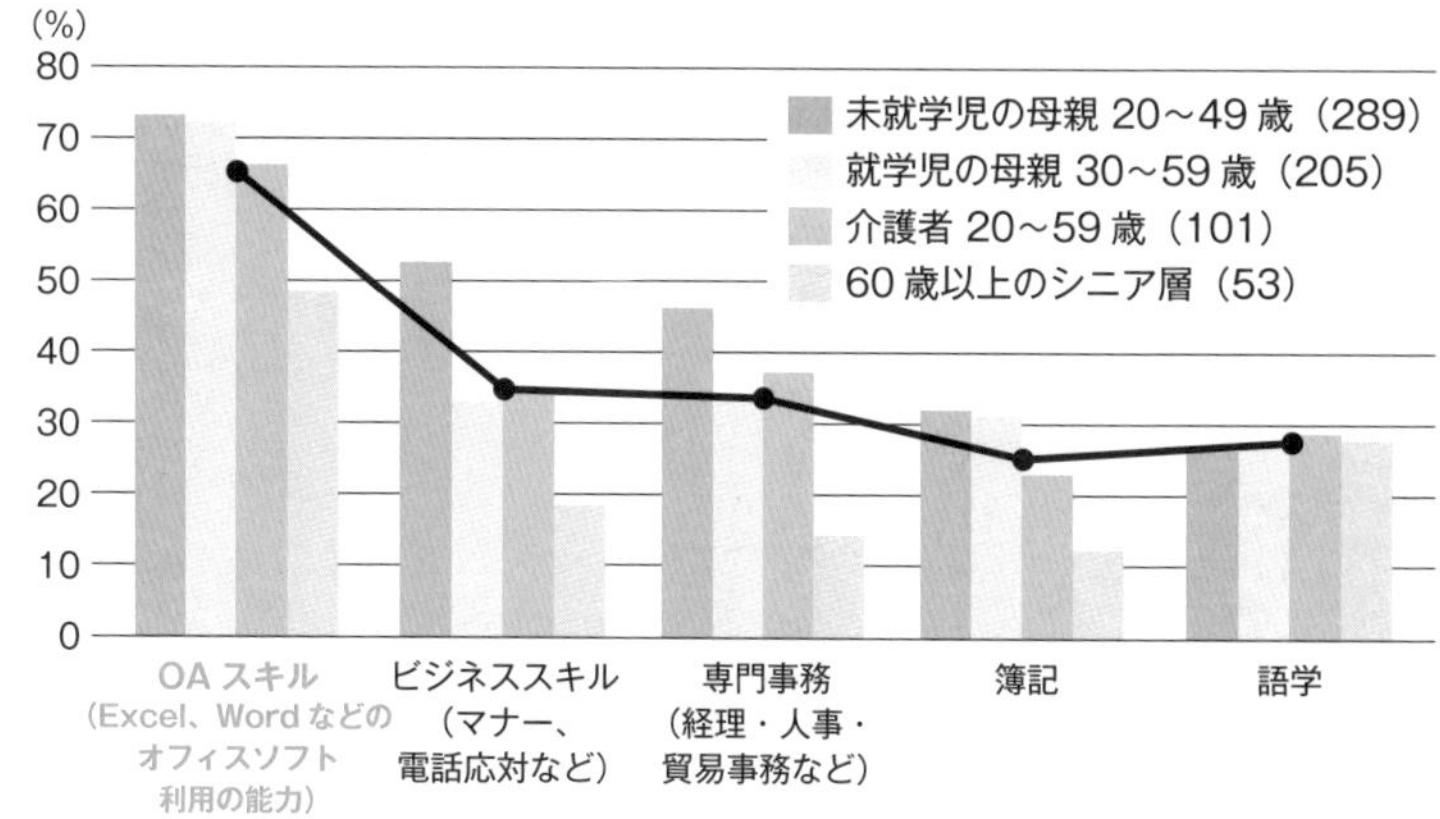

出所：パーソル総合研究所ホームページより（一部改変）
https://rc.persol-group.co.jp/thinktank/spe/satellite-office/

そこで**「安定した雇用を創出する産業づくり」**と、**「子育て支援」「介護者の支援」**といった文脈で、この入門講座の開催となったのです。

市民に在宅ワークという新しい働き方を知ってもらい、全国的にテレワークが増えてきていることを理解してもらうために、2023年1月に「在宅ワーク入門セミナー」を開きました。

◆テレワーク基礎講座に7割以上の人が「満足した」

熊野市に設けた会場でのリアル参加者は18人、オンライン参加が13人。合わせて31人で、午前9時30分から12時までの2時間半で行いました。

年齢的には20代から60代、ボリュームゾーンは20代から40代という内訳でした。

講座は2部制で、第1部では講師による「テレワークの基礎知識」を解説。**テレワークの現状、職種、使用するツール、テレワークで働く環境や雇用形態**について、広く浅く講義を行いました。

第2部では実際に弊社でテレワークを行っている全国のテレワーカーに登場してもらい、座談会形式で受講者と登壇者の間での質疑応答の時間も設けながら、体験談やどのようにテレワークを行っているかを話してもらいました。

参加者のアンケートでは、第1部、第2部を通して「満足した」が7割でした。

【第1部】では**「初心者向けの内容だったが、テレワークに対して漠然としてもっていたイメージが具体的なものに変わった」**

【第2部】では**「実際のテレワークの働き方がよくわかった」「熊野市のような田舎でも、テレワークであれば街中の仕事ができる可能性があることがわかった」**

という感想を多くいただきました。

◆多くの自治体が抱える問題を解決する糸口に

このように、熊野市では「リ・スキリング」とはいっても、**テレワークの入門編からの**

スタートとなりました。

国の方針ではもっと専門的なスキルの学び直しの講座が相応しいのですが、**地方にはそもそもデジタル人材が少ない**ので、こういう入門編からスタートするのが現実的です。

第1回の「入門編」の好評を受けて、同じ年に第2回の講座がよりレベルアップして開催されました。

Question 32

デジタル人材を養成するには、具体的にどんなリ・スキリング講座がおすすめですか？

A

段階的にレベルアップしていく実際の講座内容を紹介します。デジタルスキルを身につけた後は、就活にもつながるようなプログラムが必要です。

前述のとおり、熊野市では2023年に2回目のテレワーク講座を行いました。

まだ現在（執筆時）も進行中ですが、6回の講座で計画しました。

参加者は16人。各講座の内容は次のようになります（※さらに詳しい内容は166～167ページ参照）。

1～2回目　「グーグルの基礎講座」

メールの作成、カレンダー作成、グーグルドライブの使い方など、基本的なノウハウをレクチャーします。

3～4回目　「コンタクトセンター業務用の講座」

コンタクトセンターとは、電話で顧客とやりとりするコールセンター業務と、メールやチャットでコンタクトする業務の両方を行う仕事を指します。いわゆるカスタマーセンター業務を行えるスキルを身につけます。

5回目　「マイクロソフト オフィス講座」

マイクロソフトの「オフィス」というソフトに入っている機能を自在に使えるようにする講座です。

6回目「エクセル講座」

表計算ソフト「エクセル」の使い方を解説する講座です。

◆就職までつながる実践的なスキルアップ

このように、**かなり具体的に「就業」ということを念頭に置いた講座内容**になっています。

これは事前に熊野市の担当者と話し合ったときに、

「前回在宅ワークの概略は知ってもらったので、2回目は**実際に働くためのスキルを身につけてほしい**。可能ならばその先、**就業に結びつけたい**」

という希望をいただいたことから考えた講座内容です。

熊野市の場合、この講座の対象となったのは、子育て世代、介護世代、そして定年退職した高齢者など。かなり幅広い市民が受講されました。

そういう人たちが**リ・スキリングした先に、実際に就職までもっていきたい**というのが市の担当者の願いなのです。

すでに本書でお話ししたとおり、私たちは自社でテレワーカーを雇用したりしてこの働き方を進めていますから、スキルアップ次第では受講生のみなさんに弊社から仕事を提供できる環境にあります。

そのほかにも、**地元のハローワークと提携したりして、テレワーク人材を就業にまで結びつける手だては、いろいろ考えられます**。

そういう広がりは今後、多くの自治体で求められる動きだと思います。

◆PC初心者にもチャンスを

熊野市では、第1回の参加者三十数人の中で2回目の講座に進んだ人が2～3割いました。その中には、第1回の段階では自宅にパソコンがないというデジタル・ビギナーの人もいました（そういう人には市がパソコンを貸与し、市職員が操作のサポートをして受講していただきました）。

初心者であっても**段階的にテレワークのスキルを身につけて、実際に就業までたどり着きたい**というのが多くの人の願いです。

そしてそれが**地方自治体の現在の実情でもある**と思います。

国が推進するリ・スキリングでは、こういうビギナーの方までは対象になっていないようですが、地方ではここからリ・スキリングの動きを始めないといけないと感じています。

リ・スキリングというよりも、**「スキル・ビギニング」というイメージが近い**のかもしれません。

Question 33

Q 全国的にどんなリ・スキリング講座が人気ですか？

A ▼ 「デジタル・ビギナー」のためのセミナーが人気です。小さな自治体でも、「デジタル・ビギナーから就業まで」を目指して動き出しているところが多くあります。

『ハルメク』という女性向けの定期購読誌が、大人気となっています。

そこでは、読者にさまざまなセミナーを提供しているのですが、なかでも人気なのは、**「スマホのビギナー・セミナー」**なのだそうです。

つまり「スマホがまったくできない」「スマホを使うのははじめて」という人向けのセ

ミナーではなく、**「使ってはいるけれど、いろいろな機能を使いこなせない」「初歩的なことしかできない」**という人を対象に、**「ビギナーがレベルアップする講座」が人気**なのです。

リ・スキリングの講座も、そのあたりをターゲットとした講座が今後、人気となるはずです。

熊野市の例で述べたように、初心者から就業まで、段階的なレベルアップ講座が求められると思います。

◆PC初心者が仕事を得るまでのサポート体制

しかも、そういった講座を企画開催する自治体は、前と比べると明らかに小さな自治体が増えました。

たとえば、千葉県の成田空港の南東に位置する人口約2万人の横芝光町《よこしばひかりまち》でも、リモートワーカーのビギナー向けの講座が始まります。

さらに、これまでと違うのは、最初から「3カ年やりたい」というように、複数年計画の自治体が増えたこと。

熊野市は1年目が好評だったから2年目に続いた事例ですが、横芝光町は最初から3年希望でした。

つまり、明確に**「デジタル・ビギナーから就業まで」**を目指しているのです。

もちろんこの中には、「移住者にもＰＲしたい」という狙いもあるでしょう。

「自治体としてリ・スキリング講座を複数年開催するほど人材育成に力を入れている」ということをアピールして、移住者を獲得しようという狙いです。

これは非常によい取り組みだと思います。

移住者向けにも、講座の存在をどんどんアピールするべきです。

◆企業誘致はタイミングを見計らって

一方で、リ・スキリング講座を始める自治体にお伝えしているのは、**「企業誘致を始めるのはまだ早い」**ということです。

たとえば熊野市のケースでは、1年目の入門編に31人参加して、次年の第2弾に40人参加しました。

「さぁ、デジタル人材がそろったから次は企業誘致だ」といきたいところですが、それはまだ早いです。

もう少しリ・スキリングした人材が溜まってからでないと、企業が来てくれても「人材不足」として早期撤退ということになりかねません。

あるいは進出を考えてくれている企業にも、「なんだ、意外にデジタル人材がいないな」と見限られることになります。

そういう負のイメージがつかないように、**リ・スキリングから企業誘致につなげるには、しっかりとしたストーリーが必要**です。

自治体担当者には**「焦らないことが大切」**であることをお伝えしています。

Question 34

政府のリ・スキリングの動きを受けて、今後どんな企業が地方進出してくる可能性がありますか？

A

現在、多くのIT産業に属する企業が、地方創生に取り組もうとしています。

Q33で自治体担当者にお伝えしたのと同様に、「地方創生の文脈で地方自治体に進出したい」という相談をしてくる企業に対しても、私は**「焦らないように」**とアドバイスしています。

とくに、**どの業界にすべきかが地方創生の文脈では重要になってきます。**

「政府がリ・スキリングを言い出したのだから、いままでは『ＢｔｏＢ』が中心だったビジネスを『ＢｔｏＧ』に広げたい」

そう考える企業は少なくありません。

もちろん、そういう企業は教育スキルをもっていますし、デジタル人材を生み出すことも可能でしょう。

けれど、そうやって**リ・スキリングした人材にどう仕事を結びつけるか、就業というハードルをどう乗り越えることができるかがカギ**となってきます。

いわゆる研修会社と同じ働きになってしまったら、自治体や市民のニーズはクリアできません。

現状では、進出したい企業にとっては、そこが課題だと私は思っています。

◆テレワークが人口流出を食い止めるカギになる

もうひとつ、今後の大きな流れとしていえるのは、前述したように、**リ・スキリングにまつわる国の方針**が、企業を経由したものだけでなく**個人にダイレクトに支援が届く**方向も加わることです。

これまではリ・スキリング講座などを企画したら、その企業に補助金や助成金が流れるスタイルでしたが、今後はリ・スキリング講座を受講する**個人に給付金が出される**ことになります。

自治体としては、その流れも意識することが大切でしょう。

たとえば、すでにテレワーク講座を開いた実績をもつある自治体とは、今後eラーニングやリ・スキリング講座を多数企画して、**「学びのまち」というブランディング**をするのはどうか、という相談なども始めています。

しかも、これまでは自治体の企画講座は無料でしたが、有料でも企画可能だと考えます。

そのうえで、地域住民に対して**「テレワークを選択すればこのまちを離れなくてもいい」**、移住希望者に対しても**「このまちでリ・スキリングすれば仕事が得られる」**というアピールをしていくのです。

市民や移住者の「学びの継続性」を担保すれば、そのまちは新しいブランドを獲得することになります。

そこで、私たちのような**地方創生を手がける民間企業から、各省庁に対して現場の情報を伝えることも大切**だと思っています。

たとえば今後インバウンドが増えるので、英語を学べるようなリ・スキリングの動きを始めたらどうか、というものなどです。

これはあくまで一例ですが、そういう**現場の実情に則したリ・スキリングを提案していく**こと、それも私たちの役割ではないかと思っています。

第4章まとめ

- ☑ 政府の推進する「リ・スキリング」には、「デジタル人材育成」の狙いがある
- ☑ 地方自治体はデジタル・ビギナーを就職に結びつけるまでの支援が必要だが、企業誘致は十分に足固めをしてから行うことが大切
- ☑ テレワークが地方の人口流出を食い止めるカギとなる可能性が高い
- ☑ 「リ・スキリング」は今後の地方創生のひとつのキーワードになる

第5章

インバウンド需要で
あなたのまちがガラリと変わる！
日本全国どこにでもチャンスがある！

「地方創生4.0」は
SNSを最大限に
活用するべし！

ここまでの章では、「地方創生３・０」についてさまざまな角度から検証して書いてきました。

最終章では、その次のフェーズである「地方創生４・０」について考えてみることにしましょう。

コロナが鎮静化してから、日本国内には海外からやってくるインバウンドの観光客が溢れるようになりました。

２０２３年の訪日外国人旅行者数は、２５００万人を超え、コロナ禍以降最多を更新しました（日本政府観光局の調査より）。

海外からの観光客が大挙して日本を目指すのには、理由があります。

コロナ禍での行動制限から解放されたことだけでなく、折からの円安ドル高、日本国内のデフレ基調により、外国人にとって日本は何を買っても食べてもどこへ出かけても**「安い、美味い、美しい」の三拍子がそろった国**となっています。

最近ではアジア諸国の所得水準も日本と比べて遜色ないレベルまできたといわれるほどですから、インバウンドのボリュームゾーンであるアジア人からの人気もウナギ登りです。

今後もこの**インバウンド需要は、ますます増加の一途をたどる**と考えられます。

◆今後ますます増えるインバウンドを地方創生の「切り札」に

その状況を見ていて、これからの地方創生を考えるとき、「このインバウンドのトレンドを活かさない手はないな」と私は考えます。

今後の地方創生は、**自分たちの地方の情報を海外に発信し、それにひかれてやってくる外国人たちを「地域活性化」につなげる**こと。

それは**観光業の隆盛だけに留まらず、新しい産業の創出であったり、既成の産業をさらに盛んにすること**だったりもすると思います。

つまり、この章で書いていく**「地方創生4・0」は、国際化がテーマになる**というのが私の持論です。

Question 35

私たちのまちは有名観光地ではないので、インバウンド盛況のニュースを聞くたびに、引け目を感じます……。どうすれば観光客を呼べますか？

A

旅行慣れした外国人の中には、ニッチな観光地を探している人もたくさんいます。

「インバウンドで地方創生を」と語っても、素直にうなずく地方自治体の関係者は少ないかもしれません。

「うちのまちは観光資源がないし、名所旧跡もないから、インバウンドを誘致するのは不可能だ。インバウンドによる地方創生はありえない」

多くの関係者が、そう考えていると思います。

確かに国内の視点で見ると、東京、京都、奈良、さらには北海道や九州の主要な観光地にはインバウンドが押し寄せるけれど、それ以外の地方はたちうちできないと考えがちです。

あるいは、ニセコ（北海道）や白馬（長野県）のように良質のスキー場があるとか、静岡や箱根のように富士山という絶対的なコンテンツがあるとか、そういうところにだけ外国人観光客は向かうものであり、ほかの地域に対して外国人は興味がないものと決めつけています。

ところが――海外から日本を見る視線は、そうではないのです。

有名観光地や景勝地、あるいはキラーコンテンツのある・なしはあまり関係ありません。

むしろ彼らが求めているのは**「何もないところ」**なのではないか、とすら思えるほどです。

私がそのことを痛感したのは、パリで日本の食材のキャンペーンを打つ仕事をしたときのことでした。

◆何もない「田舎」だからこその魅力

1位　東京

2位　京都
3位　田舎

このアンケートデータの意味がおわかりでしょうか？

これは、2023年に、パリ市内の日本食を出すカフェにやってくるお客さま50人を対象に行ったアンケートの結果です。


「日本で行きたいところはどこですか？」


日本食を好んで食べるくらい日本に対して興味と愛着がある人に対しての質問に、返ってきた答えは「1位東京、2位京都」。

そこまでは想定内だったのですが、**3位はなんと意外な答え――「田舎」でした。**

3位にはいろいろなまちが乱立して、どこも似たりよったりの得票数です。

総じていえば、3位は特定のまちを指すのではなくて、「日本の田舎」だったのです。

つまり、日本を愛する外国人は、**東京と京都の次には、「どこでもいいから日本の田舎に行きたい」と思っている**とも考えられるのです。

図8　訪日外国人旅行者のこれまでの来訪回数

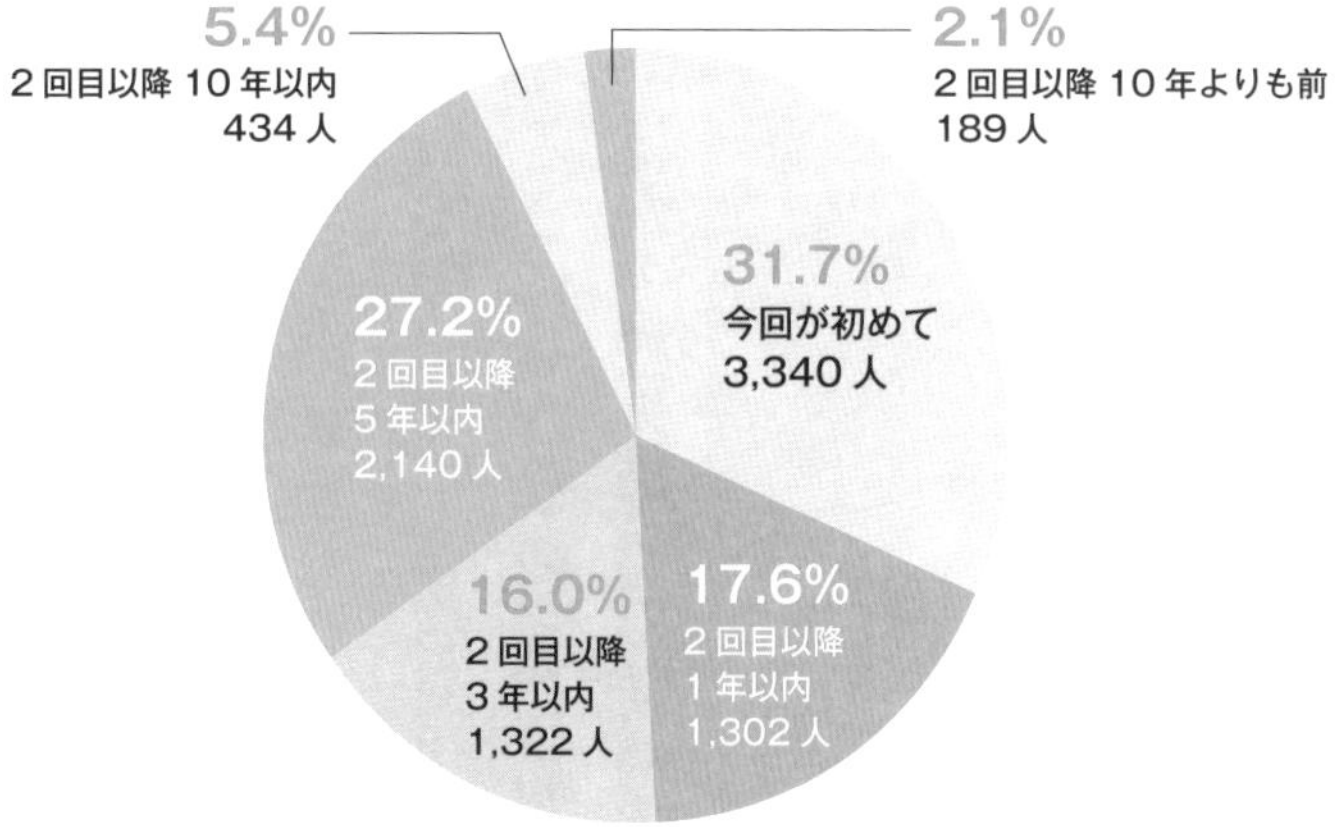

出所：観光庁「訪日外国人消費動向調査集計表」（2023年4-6月期）より

観光庁の調査によれば、**訪日外国人旅行者のうち、日本への旅行が2度目以降の外国人が約6割存在する**ことがわかっています（図8）。

繰り返し日本を訪れる、いわゆる**「リピーター」はコロナ収束後増加傾向**にあります。

最初の訪日のときは、「ゴールデンルート」と呼ばれる東京—箱根（富士山）—京都は外せないけれど、2度目、3度目になったら、**いわゆる観光地と呼ばれるところよりも、人里離れた田舎のほうがいい**。日本の古民家に滞在して里山風景に溶け込み、田舎料理を味わいたい——。

そんな声が圧倒的であることを、私もこのアンケートを通してはじめて知りました。

そこに私は、**「何もない」と思っている地方自治体に勝機がある**と感じたのです。

Question 36

外国人旅行者に日本の「田舎」が人気ということですが、何を「売り」にすれば、観光客は訪れてくれますか？

A

日本のディープな文化に触れることができる、ここにしかない「体験型サービス」を提供し、ほかの観光地との差別化をはかりましょう。

Q35で述べたように、パリでこのようなアンケートをとろうと思ったのには理由があります。

弊社では、海外に住んでいるテレワーカーも多いために、海外リサーチの仕事がよくあります。

「その国の人々が日本のことをどう思っているか？」

「日本の何を欲しがっているか？」

「日本の製品に対してどんな思いをもっているか？」

そういうことを調べる仕事です。

そうした仕事があると、私も現地に飛んで事前の交渉や準備をするのですが、そういうときにパリやバルセロナといった大都市を歩くと、**ここ数年やたらと日本食レストランの看板を見るようになった**のです。

「Ｒａｍｅｎ」「Ｓｕｓｈｉ」「Ｉｚａｋａｙａ」「Ｗａｓｈｏｋｕ」などなど、ここ数年そんな看板を掲げる店は当たり前のように街中にあるのですが、それに加えて最近では**「Ｂｅｎｔｏ」と書いた看板**を掲げる店舗もあらわれました。

「Ｌｕｎｃｈ　Ｂｏｘ」と表記するのではなくて、**「弁当」という日本語が現地語化している**のです。

◆現地人が経営する「日本食レストラン」

さらにいえば、数年前までは韓国人や中国人が経営する日本食の店が多かったのですが、最近では**現地人（パリならばフランス人、バルセロナではスペイン人）が経営する日本食の店も増えてきました**。

フランス人が調理するラーメン屋とか、スペイン人が炭火を扱う焼鳥屋とか、そういう店舗が人気になってきたのです。

となると相対的に、日本と日本人の価値が上がっていきます。

現地で日本人が調理する日本食の店に人気が出る（客単価も高騰する）と同時に、**本当に日本に行って修業した外国人の価値も上がっていく**。

つまり、外国の料理人にとって、**日本の食文化は人気がある**というだけでなく、**日本は「ぜひ行ってみたい国」「行けば自分の価値が上がる国」になった**ということなのです。

◆「訪ねたい国」で圧倒的な人気を誇る日本——憧れを地方創生に

あるいはスペインのバルセロナに行ったときは、日本人が経営している「日本体験」を売りにしている店舗もありました。

地元のスペイン人や海外からくる観光客を対象として、餅のつき方や巻き寿司の巻き方、着物の着方などの**「日本人体験」をワークショップ形式で教えてビジネスにしている**のです。

図9　訪日外国人旅行者消費額の費用別構成比

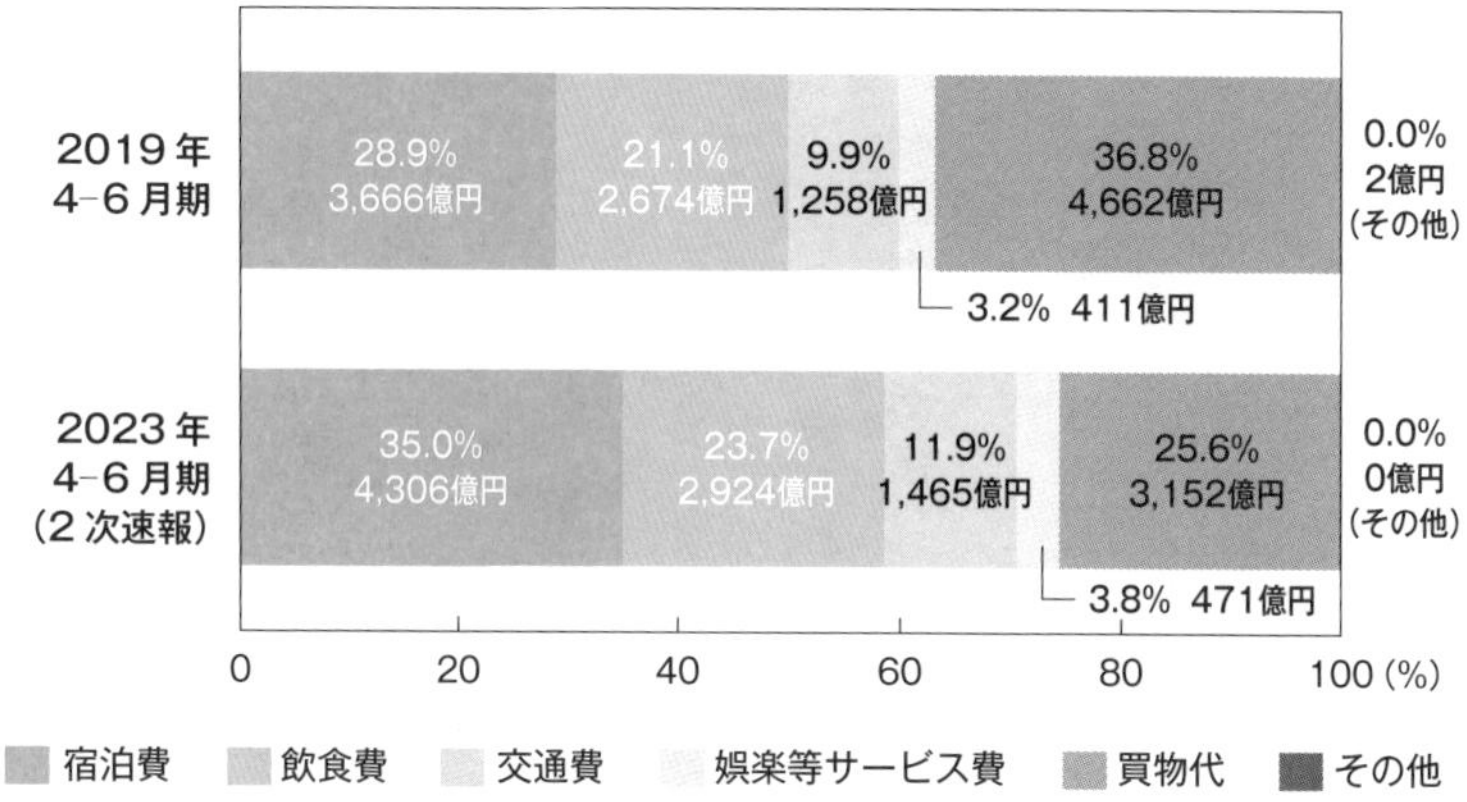

出所：観光庁「訪日外国人消費動向調査集計表」（2023年4–6月期の全国調査結果・2次速報）より

こういうビジネスが成り立つほど、**日本は欧米人にとっての憧れになっている**。

そうわかった瞬間に、私は**「このムーブメントを日本の地方創生に活かすことはできないか」**と思い至ったというわけです。

近年、外国人旅行者の消費傾向が、**観光やお土産などの「モノ消費」から唯一無二の体験を得ようとする「コト消費」**に移行してきています。

観光庁「訪日外国人消費動向調査」によると、コロナ禍前の2019年に比べると、2023年には「買物代」が大きく減少し、宿泊費、飲食費、交通費が伸びています（図9）。

これらのデータからも、モノ消費からコト（体験）消費へ外国人旅行者の動向がシフトしていることがわかります。

食事やアクティビティなど、地方でしか味わえない希少な「体験」は、**SNSなどで拡散されやすい**のが特徴です。

「僻地」と呼ばれるような場所にも外国人旅行者の姿が見られたりするのは、ＳＮＳの影響が大きいといえるでしょう（ＳＮＳの活用については後ほど詳しく述べます）。

◆「田舎」にこそチャンスが眠っている

このように、**視点を海外に置くと、現在の日本の「人気」が手にとるようにわかります**。

その人気の理由は、観光資源があるとか日本国内で有名だとか、すでに外国人観光客が多数来ているからといったことではありません。

むしろ、**「何のとりえもないと日本人には思われている田舎」「日本人にとっては当たり前の田舎」のほうがチャンスがある**ということなのです。

言い換えれば、**東京と京都以外のすべての地方にも、インバウンドを呼び込むチャンスがある**。

それが海外の日本ファンの「視点」なのです。

すべての日本の「田舎」にとって、この「視点」を使わない手はありません。

だから私は、**「これからの地方創生４・０には国際的な視点が必要だ」**と考えるようになったのです。

訪問客の多くは、**地元の人との触れ合い**を求めています。**体験型コンテンツは、人と人とが相対することが必要不可欠**です。

その関わり合いこそが日本に来る動機となるのです。

Question 37

海外でも人気の日本食ですが、これからの日本食のトレンドはどんなものがくるでしょうか？

A

「日本各地の食文化×海外からやってきた料理人」の組み合わせが盛り上がっています。

私たちは、**海外から日本への「憧れ」の視線の先に、どんな地方創生企画がありえるか**を考えてみました。

国際化という角度から地方創生を考えているときに、現地でテレワーカーとして働く弊社の日本人スタッフから、こんな提案が生まれてきました。

「フランスやスペインで調理師学校に通う現地の若者を日本に送り込んで、日本の食文化を盛り上げる形で地方創生ができませんか？」

何らかの理由で海外に住んでテレワークで日本の仕事をしている彼らは、一様に自分の故郷を盛り上げる活動をしてみたいと思っています。

その故郷の町はここで述べてきた「田舎のまち」であることがほとんどなのですが、海外に住んでいる視点からすると、そういう**「何でもないまち」こそが外国人の憧れである**ことがわかっています。

ならば、欧米の若い料理人をそういう日本の田舎に送り込んで、その地域の食材の魅力を異文化の視点で再発見してもらえないだろうか？

郷土料理といわれる古いメニューをアレンジして、モダンな料理につくり替えてみたらどうだろう？

ヨーロッパの若い料理人を日本の田舎に送り込めば、**自分の故郷を異文化の視点で盛り上げてくれるのではないだろうか？**

そんなアイデアが浮かんだというのです。

◆調理師学校の生徒、9割が「日本に行って日本食を学びたい」

そこで私たちはさっそく、パリやバルセロナの調理師学校に問い合わせをしてみました。

そこで学ぶ学生たちに、「日本に行きたいですか？」「日本の食文化を学びたいですか？」とアンケートをとってもらったのです。

すると案の定、**9割以上の若者から、**

「ぜひ日本に行きたい」

「日本料理を学びたい」

「日本の食材に興味がある」

という答えが返ってきたのです。

いまや何料理を学ぶにも、**日本の食材や食文化に対する知識は必須**です。**「ウマミ」**という言葉はどこの国でも通用する国際語になっていますし、さまざまな料理に柚子を合わせるのも流行です。日本酒をフランス料理に合わせるマリアージュも盛んになりましたし、日本のクラフトビールの人気もなかなかのものです。

つまり、料理の世界を目指す若者たちにとって、**日本の食文化は最もホットな話題**なのです。

「この若者たちのエネルギーを使わない手はない」

私はそう考えて、次のような企画を考えました。

◆「食文化交流プログラム」というブランディング戦略

それは、**「食文化による地方創生プログラム」**です。

大きくいえば、次のような行程になります。

①欧米で料理を学ぶ若者たちを日本に招聘する
②そこでその地域の食材や食文化と出会ってもらう
③それを使って新しい料理や海外の食材との組み合わせ（新メニュー）を考えてもらう
④それらを情報発信して、国内外から観光客を呼び込む
⑤「地元の食文化×外国人シェフ」を使って地域ブランディングを行う

このプログラムにおいて私たちは、まず欧米の調理師学校と交渉して「日本に行って働きたい若者」をリストアップする役割を担います。

「日本の食材を勉強したい」
「日本でレストランを経営してみたい」
「日本料理を学んで欧米で店舗展開したい」

など、**日本との食文化交流を考えている若手を選んで、そのチャンスを与える形で「Win-Win」のプログラムを提案していく**のです。

日本では自治体との交渉を行います。

海外の若手料理人をレジデンス形式で地域に滞在させながら、「国内外にこの地域の『食文化』をアピールしませんか」と提案するのです。

そして、**地域に滞在する若手料理人と地元との「食文化交流プログラム」**を具現化させていきます。

すでに国内でも、**「アーティスト・イン・レジデンス」**という活動は各地で行われています。

これは主に**現代美術のアーティストや音楽の演奏者を地域に滞在させて、地元の芸術家や子どもたちと交流しながら芸術活動を行ってもらうという活動**です。

地元の小中学生と交流したり、地元発の作品をつくってもらったりして、地域のブランディングを行っていきます。

そのプログラムの国際版が、欧米の若手料理人を日本に招聘する「食文化プログラム」です。

自治体としては、**欧米から地域にやってきた料理人の活動をフルサポートしながら、地**

域の食材や地酒などの食文化を国内外にアピールしていきます。

すると、その動きに呼応した観光客が国内外からこの地域にやってきます。**インバウンドも増える**でしょうし、**国内観光客も増える**でしょう。

その地域の食材の情報も国内外に広がっていきます。

地元のお酒も加工品もあるでしょうから、海外に出かけて行ってプロモーション活動をしてもいいし、eコマースでの販売も可能です。

そうやって、「地域の食文化×海外からやってきた料理人」の組み合わせから、多彩な活動を展開していくのです。

そこからは、**インバウンド誘致**、**入り込み人口増**、**関係人口増**、**特色のあるメニューの開発**、**地域ブランディング**といったさまざまな効果が期待できます。

新たな特産品をつくって、それを使った「ふるさと納税」の獲得という展開も可能かもしれません。

そうやって**「地方創生4・0」という新しい取り組みにつなげていく**のです。

コラム

日本の「カレー」が「世界の伝統料理ランキング」第1位に！

伝統的な料理に関する体験型旅行サイト「TasteAtlas」が毎年、世界の伝統料理ランキング「Best Traditional Food in the World（世界最高の伝統料理）」のトップ100を発表しています。

これは、旅行先で食べて美味しかった料理を投票し集計したランキングで、2022年に、**日本の国民食「カレー」が1位に選ばれました。**

それはスパイスのたっぷり効いたインドカレーなどではなく、いわゆる昔から普通の家庭などで食べられてきた日本のルーなどを使った「カレー」を指します。

ラーメンや寿司などの日本食が世界的にメジャーとなったいま、**次のトレンドは日本に昔からあって、外国人からしたら新しいと感じる味なのかもしれません。**

そういう意味では**日本国内のどんな郷土料理や地域独特の料理にも、地方創生の可能性が見出せる**のではないでしょうか。

Question 38

はじめて外国人と交流型の企画をするので、不安があります。失敗しないためには、どうしたらいいですか？

A

最初は1カ月単位で行うなど、無理なく交流を展開していきましょう。

「日本文化の体験型コンテンツ」が人気とはいえ、**はじめて行う企画には困難も伴います。**

ゼロベースからスタートする自治体にとっては、いきなりディープな交流活動を展開するのは、ハードルが高いでしょう。

では、無理のない範囲でこの活動を展開するには、どうすればいいのでしょうか？

まず料理人を招聘する期間としては、**最初は1カ月単位から**始めてみるのも手です。

もちろん自治体としては招聘費用もかかりますし、滞在費などの経費も捻出しなければなりません。双方がWin-Winになる契約内容を模索する必要があります。

その後、お互いに友好関係が築けて、料理人の方から「もっと滞在していたい」という希望が出たら、一度故郷に帰るにしても次の訪日の折には3カ月、あるいは半年、1年と期間を延ばしていけばいいのです。

◆廃校や空き屋を有効活用する

料理人が腕を振るう場所も課題です。

ランニングコスト（維持費）がかかりすぎる施設では、経営が成り立ちません。

イメージとしては、前の章で語ったサテライトオフィスで調理場があるところや、岩手県洋野町の「ヒロノット」のような廃校利用で調理場がある滞在施設などの利用がいいと思います。

もちろん、必要な調理器具は新たにそろえなければなりませんが、**最初から大きなコストがかからない方法を模索します**。

そしてある程度新しいメニューなどが生まれてきたら、そこを**期間限定のポップアップレストラン**にして、料理人に腕を振るってもらいます。

お客さまにその料理が好評ならば、**地域のレストランにレシピを公開して、新しい郷土**

料理やご当地グルメとして育てることもできます。

それを目指してやってくる観光客も増えるはずです。

◆いちばん重要なのは「地元との交流」

ここで自治体に最も考えてほしいのは、**地元の農業や漁業などの生産者と料理人との交流活動**です。

日本の地方には、**季節ごとにさまざまな食材**が溢れています。**地元にとっては当たり前の食材でも、海外からの視点で見ると、意外な魅力が隠れていたりします**。

料理人にはどんどん生産現場に入ってもらい、生産者と交流して日本の食材を学びながら、その情報を海外にも発信してもらいます。

また**郷土料理も、海外の視点で再検証すれば、モダンな料理に変わる可能性もあります**。

もともとあった価値観にとらわれずに新しい観点でその料理を見直してもらい、新しい食材と掛け合わせてもらったりすれば、意外な美味しさが生まれる可能性は高いと思います。

忘れ去られそうな郷土料理にも、新たな価値が加わるでしょう。

もちろん地元の酒蔵の日本酒や、ワイナリーのワイン、クラフトビールなども魅力のひとつです。あるいは、**地方独特の調味料なども、料理人にとっては宝となり、アイデアのもとにもなりうる**でしょう。

こうして、地元の食材や食文化と海外からの料理人の出会いからは、想定外の魅力が生まれてくることが期待できます。

はじめから完璧にはできないかもしれません。

試行錯誤を繰り返しながら地域の魅力を伝えようとすれば、きっと双方が満足できるような取り組みとなり、まさに**インバウンドの時代に相応しい企画**になるのではないでしょうか。

それらがすべて、**「地方創生4・0」のエンジン**になっていくのです。

Question 39

インバウンド需要が見込めるコンテンツが思いつきません……。歴史や食文化以外に、どんな体験型交流イベントが考えられますか？

A

ゲームの世界など、ほかのジャンルにも可能性がたくさんあります。広い視点をもって、あらゆるところにアンテナを張りましょう。

滞在型の国際交流企画による「地方創生4・0」には、別の展開もあります。

それは、**海外のゲームクリエイターを日本に招聘する企画**です。

これも、私が仕事でスペインのバルセロナに滞在しているときに生まれてきたアイデアです。

現地で弊社のテレワーカーをしてくれている女性の旦那さんが、スペイン人のゲームクリエイターでした。

彼と話していたら、「ちょうどいま、ゲームクリエイターのイベントが開かれている」というのです。さっそく出かけてみると、そこにはヨーロッパ中からゲームクリエイターが集まっていて、たくさんの作品が展示され、さまざまな賞が選ばれていました。

ヨーロッパ中からやってきているものすごい数の来場者たちが、そのゲームを楽しんでいます。

◆日本から生まれた「ゲーム文化」をリスペクトする外国人たち
——「ご当地ゲーム」で地方創生する

その会場でゲームを見ていると、**舞台として日本が使われているものが多くありました**。

また来場者の中にも、日本語が書かれたTシャツを着ている人が多かったのです。

なぜなのかと聞いてみると、彼はこう答えました。

「**ゲームの世界にとって、日本は聖地のひとつ**です」

「ゲーム文化は日本から生まれてきたので、私たちは日本をリスペクトしています」

「ゲームの舞台に日本を使うことも多いし、物語にも日本を取り入れたりします」

「**将来は日本に行ってゲームをつくってみたい**と思っています」

この言葉を聞いて、ここでも私にはひらめくものがありました。

アニメの世界にも「ご当地アニメ」があるけれど、ゲームの世界にも**「ご当地ゲーム」**があっていい。

日本に憧れるヨーロッパのゲームクリエイターたちを日本に招聘して、滞在しながらゲームをつくってもらったらどうだろう。

そうすれば当然彼らは日本を舞台にゲームをつくるだろうし、**日本の文化をゲームに取り入れてくれる**はず——。

そのゲームが世界に広まれば、まさにゲームというデジタルの世界での情報発信となり、当然、**ゲームファンはその「聖地」を求めて日本にやってくるに違いない**。そこから**「地方創生4・0」が生まれるのではないか**。

そんなイメージが即座に広がったのです。

◆アニメの聖地の経済効果をサンプルに企画を立てる

すでにアニメの世界では、その舞台となった地方にアニメファンがつめかける現象は当たり前になっています。

２０１６年に公開された新海誠監督作品『君の名は。』の舞台のモデルになった**岐阜県飛騨市では、映画とタイアップしたプロモーション企画が行われ、約１００万人が訪れて経済効果は２５０億円にのぼった**と喧伝されています。

この映画のころから**「聖地巡礼」**という言葉も広まり、さまざまなアニメや映画作品の舞台となったまちや地域が、ファンを呼び込む企画を展開しはじめました。

それ自体が、地方創生に直結する企画となっているのです。

ゲームでも同じような効果が期待できます。

アニメ同様にゲームもワールドワイドであり、世界中からインバウンドを呼び寄せる力があるはずです。

ここでも料理人企画で紹介したような、**さまざまな波及効果が期待できる**はずなのです。

Question 40

地方創生のスタッフに、ゲームやアニメなどの若者文化に詳しい人が少ないです。どこか手を貸してくれるところはないでしょうか？

A

民間企業や教育機関などと組んで企画を考えると、新しいアイデアが生まれ、「地方創生の突破口」になることがあります。

さて、前述のような国際交流企画を考えるときは、自治体だけで頭をひねっても、アイデアはなかなか生まれてこないと思います。

これからの**地方創生を考えるときは、自治体だけでなく民間企業や学校、研究機関、金融機関、NPOやNGOといった団体などとのコラボレーションが必須**です。

自治体がそういう異業種の団体とのコラボレーションを拒まなければ、さまざまな形で世界への切り口は見出せるはずです。

ここでは私の活動の中から「料理人」と「ゲームクリエイター」というコンテンツを使った地方創生のアイデアを紹介しましたが、**地方の特徴によっては、それ以外の世界から**

も同じような魅力に富んだ異文化の職人たちを招聘する案も生まれてくるはずです。

世界から日本はどう見られているのか。

世界から見たときに、自分たちの地域の魅力は何なのか。

その地域の魅力をどう発信していけば、世界から注目を集められるのか――。

そうやって**発想を変えていくと、意外なところから世界への扉が開ける**と思うのです。

◆民間企業や教育機関などとの連携で、注目されるコンテンツを生み出す

もちろん、すでにインバウンドが大勢やってきているまちは、その路線を歩んでいけばいいと思います。

けれど、**インバウンドとは縁もゆかりもないというまちは、何か「ゆかり」をつくらないと、国内も世界も注目してくれません。**

そのきっかけとして、**料理人やゲームクリエイターを招聘**する、あるいは**別の世界の才能を招聘**する。そんな活動が**「地方創生4・0」につながっていく**と私は考えます。

そのためにもぜひ、**自治体関係者のみなさんにはアンテナを伸ばして、私たちのような民間企業やそのほかの団体の声に耳を傾けてみてください。**

そこから生まれてきたアイデアが、**みなさんのまちの次の時代の賑わいをつくっていく**ことになるはずです。

Question 41

SNSを使ってのインバウンド、国内観光客、移住者の獲得に成功している自治体の「SNS戦略」のポイントは何ですか？

A

SNS戦略で成功するには、対象者をセグメント（選別）することが大切です。

自治体がインバウンドや観光客、移住者を取り込むための最強のPRツールは「SNS」であるということは誰もが理解していると思います。

コスト的にも安価で、誰でも利用でき、それでいて「バズる＝話題になってヒット数が爆発的に増える」と**あっという間にその自治体のファンを獲得することができます。**

◆「日本の秘境」に外国人が集まる理由

たとえば、もう十数年前のこと。

長野県の湯田中《ゆだなか》温泉に行こうとして驚いたことがあります。ここに向かう長野電鉄の車内が外国人だらけなのです。

「なぜこの温泉場にこんなに外国人が？」

観光協会の人に尋ねてみると、湯田中温泉のさらに奥地に**「世界で唯一猿が入る温泉」**があるとか。

「地獄谷《じごくだに》野猿公苑《やえんこうえん》」と名付けられ、ここを目指して外国人が大勢つめかけているというのです。

「なぜ外国人がそんなことを知っているのですか？」

とさらに聞くと、

「何年か前に外国のアウトドア関連の雑誌に、湯田中温泉の奥地で猿が温泉に入っている写真が掲載されたのです。それが契機となって爆発的な話題を呼び、いまではインバウンドがこんなに増えました」

とのこと。

このころはまだYouTubeやインスタグラムは一般的ではありませんでしたから、雑誌に載った一枚の写真ではるばる海外から観光客がやってくるようになったという話でした。

「日本人は知らなくても、外国人が知っている日本の秘境」

そんなキャッチフレーズで、湯田中温泉は多くのインバウンドを集めていました。

いまでいえば「SNSがバズった！」ということです。

これは、対象を外国人＝インバウンドに絞ったSNS戦略のヒントになる事例ではないでしょうか。

◆日本人が知らない、外国人に人気のスポット

同じようなインバウンド好みの観光スポットは、**山梨県富士吉田《ふじよしだ》市**にもあります。

春になるとインスタグラムやYouTubeでいっせいにアップされる**「新倉山浅間《あらくらやませんげん》公園・忠霊塔《ちゅうれいとう》」**。

外国人に人気のスポット「新倉山浅間公園・忠霊塔」

「満開の桜の中で、朱塗りの五重の塔の向こうに富士山がその雄姿をみせる」というアングルは、いかにも外国人好みです。

日本人の視点で見ると、その五重の塔は京都や奈良にあるような歴史のある塔ではなく、朱色も鮮やかすぎて、やや軽い印象も受けます。

「なんだか物足りない」と思う人も少なくないと思います。

けれど**外国人観光客にとっては「富士山」「五重の塔」、そして「桜」はまさに垂涎《すいぜん》のアイコン**です。

多くの観光客がSNSで画像や動画をアップすることで、さらにインバウンドを呼び、富士山観光には欠かせないスポットになっています。

◆ウィットに富んだアイデア動画で若者向けのSNS戦略

あるいはYouTubeで「宮崎県小林《こばやし》市」と検索してみてください。

すると、フランス人が小林市の魅力を案内する動画が出てくるはずです。

https://www.youtube.com/watch?v=jrAS3MDxCeA

美しい星空、美味しい水、温かい人情などなど……。

その動画に見とれていると、最後に思わず笑ってしまうようなオチがあります。

フランス人が喋っているのはフランス語ではなくて、じつはこの地方の方言「西諸《にしもろ》弁」なのです。

すでに何年も前から人気の動画ですが、これは地元の中学生のアイデアだそうです。

当時の市長によると、「若者たちに小林市を好きになってほしい。進学や就職で一度は地元を離れても、何年かしたらまた地元に帰って来てほしい」というアピールのための動画だということでした。

これは**インバウンド需要だけでなく、地元の若者も対象にした「SNS戦略」**ということになります。

これ以外にも、**「移住者向けＳＮＳ」「国内観光客向けＳＮＳ」**など、自治体がＳＮＳを使ってＰＲしたい対象はいくつかあると思います。

ここでは、こういった**「地方創生４・０」を意識したＳＮＳ戦略を立てる場合の、基本の2点**をあげてみます。

①地元の魅力を「よそ者視点」で掘り起こす

すでにあげた**「温泉に入る猿」「富士山と五重の塔と桜」「フランス語に聞こえる西諸弁」**などのコンテンツは、**地元の人にとっては以前から「当たり前のもの」だった**はずです。西諸弁とフランス語が似ているということはわからなくても、「日本で最もわかりにくい方言」であることは有名でした。

こういう「地元ならではの景色や風景や文化」は、地元民には当たり前すぎて、そこをＰＲしようという発想にはつながりにくいものです。

それらを**「魅力」に変えるには、「よそ者の視点」**が必要です。

たとえば小林市では、市の観光ＰＲ業務には「外国人」という視点を使って、中学生が

「西諸弁＝フランス語」という着想を得ました。

湯田中温泉の猿の写真も、外国の雑誌に投稿したのは「地方創生」にはまったく関心のないアマチュアカメラマンでした。

「よそ者の視点を取り入れる」

「よそ者の視点で故郷を見直してみる」

そういう**発想の転換**をしてみることが必要でしょう。

②自治体からの発信だけでなく、周囲を巻き込む

ＳＮＳの利点は、「ハッシュタグ」や「リポスト」といった機能を駆使すると、**同じテーマで他者が発信した多くの情報も巻き込める**という点です。

自治体のＰＲだからといって、自治体が発信するＳＮＳだけでは広がりがありません。

自治体内の店舗や飲食店、あるいは故郷をアピールしようとする**個人のＳＮＳを巻き込んで、大きなウェーブをつくることが必要**です。

他者の情報を巻き込みながら、自治体全体のムーブメントをつくること。

この基本を踏まえたうえで、次に述べる**「移住者向けＳＮＳ戦略」**を考えていきましょう。

Question 42

「移住者向け」のＳＮＳ戦略はどう立てればいいですか？

A

まず移住希望者のペルソナ（個人特性）を設定し、ターゲットを明確にしましょう。行動特性を細かく把握することがポイントです。

ＳＮＳで情報を拡散して移住者を獲得したいケースでは、次のように**あらかじめ移住希望者の「ペルソナ」を設定することがポイント**となります。

「移住希望者ならば誰でもいい」
「どんな人でも移住を希望するなら同じような情報を欲しがっているだろう」
と考えるのは大きな間違いです。

希望者のペルソナによって、発信すべき情報は異なるからです。

◆移住希望者を具体的に想定することで、まちの魅力が伝わりやすくなる

ペルソナを設定するためには、次のような**「2つの目線」**があります。

①「移住希望者」目線
自分の自治体への移住希望者を把握して、そのペルソナを徹底的に分析し、最も希望の多いボリュームゾーンをペルソナに設定する

②「自治体」目線
「こんな人に来てほしい」という自治体の希望をペルソナづくりに反映する

この二方向からよく考えて、**自治体にとって理想的なペルソナを絞り込んでください**。

こうしてペルソナが設定できれば、そこに合わせた情報をSNSで発信していけばいいということになります（図10）。

「移住支援情報」や「実際の移住者の声」といった基本情報にプラスして、「パターン

図10　ペルソナに合わせた情報ニーズの分析

ペルソナの設定例

◎パターン１：子どもの誕生を契機に移住を検討している会社員とその家族

・30代夫婦、子ども2人
・熊本出身、現在は首都圏に在住
・人ごみが苦手
・田舎でのびのび子育てしたい
・休日は自然に触れて過ごしたい

◎パターン２：地方移住を検討している個人事業主（女性）

・20代女性、個人事業主、独身
・福岡出身、東京在住
・都会暮らしに疲れを感じている
・田舎でスローライフを送りたい
・新鮮で美味しいものを食べたい

ペルソナ	【パターン1】 Uターン検討中の男性 会社員／4人家族（子2人）	【パターン2】 地方移住検討中の女性 個人事業主／都会疲れ
移住先に求めるもの	豊かな自然の中での子育て	新鮮な食・スローライフスタイル
移住支援の情報	○	○
子育て、教育環境	○	
就職、転職情報	○	
実際の移住者の声	○	○
移住先の魅力（自然や食）	△	○

★移住支援の情報や実際の移住者の声を発信することで、具体的な移転先での生活のイメージがしやすくなる！

1」に対しては**「子育て、教育環境情報」「就職、転職情報」**が必須です。

「パターン2」に対しては**「新鮮な食、スローライフ環境情報」**があると琴線にふれるでしょう。

こうした情報は、すでに述べたように**周囲の団体や企業、個人などの情報をリンクしたりして、情報のムーブメントをつくることが大切**です。

これができれば、SNSのユーザー（視聴者）は、

> **「情報収集のために検索」→「サムネイル（投稿のトップ画像）を見つける」→「説明文を読む」→「リンク先の情報把握」→「実際の行動に移る」**

という段階を踏んでいき、**情報を発信している自治体に「好意」をもってくれます。**

◆「好意」を「アクション」につなげるには？

その「好意」をさらに**「アクション」**につなげるためには、さらに次のような**「プラスαの情報」を発信することが大切**です。

★その地域の魅力的な景色や食べ物情報

すでに述べた「よそ者目線」が地域の魅力を発掘して発信する

★それぞれのペルソナに合わせた詳細な情報

教育環境情報、病院情報、不動産（売買と賃貸）価格情報、交通情報　など

★「懐かしいな」「地方っていいな」など、人の感情に働きかける

写真、動画、移住体験者インタビュー　など

これらの情報をＳＮＳに手厚く載せることで、**移住者には「刺さる」ＰＲ**となります。

◆ＳＮＳでの地方ＰＲ成功例

こうした戦略に成功している事例としては、次のような自治体があげられます。

★神奈川県葉山町《はやままち》

観光ガイドとしてはあまり取り上げられることのない「住んでいるからこそ見える風景や景色」をあえてシェアすることに特化。ドローン撮影も多用して、「意外な視点」から

葉山町 @hayama_official

の画像や動画も掲載。

また、「＃葉山歩き」というタグをつけて投稿してもらい、フォトコンテストなども実施。＃葉山歩きの投稿は13万件を超えています。

★和歌山県観光連盟

統一性のある鮮やかでキレイな写真を整理してリポスト。コストをかけずにPRすることに成功しています。

これらのSNS活用法について講座などで学ぶことも、リ・スキリングになるでしょう。

Question 43

「そこにしかない情報」をSNSで発信し、成功している具体的な事例を教えてください。

A

独自の視点を切り口にしたSNS戦略に長けている例として、「横浜市」「岐阜県白川村」「墨田区公式外国人観光アンバサダー」を紹介します。

SNS戦略に成功した事例として、**横浜市「Find your Yokohama（見つけよう、あなただけの横浜）」**と**岐阜県白川村「日本らしさを感じる、日常の何気ない景色」**の対照的な特徴をもつ2つ、さらに外国人目線で新たな魅力を発掘した成功事例として、**「墨田区観光アンバサダー」**を紹介します。

★横浜市

テーマは「Find your Yokohama（見つけよう、あなただけの横浜）」。

独自の視点で撮影された観光スポットの写真を多数紹介し、おなじみのランドマークタワーに満月が映り込んだ夜景や、深夜の人通りのない中華街、月明かりが浮かぶ運河など、「私だけの視点」で撮った画像が満載です。

また「＃myyokohama」のハッシュタグを運用して、興味をひくような観光体験動画の配信も行っています。横浜は日本有数の観光地であるだけに、「私だけの視点」を訴求しています。

★岐阜県白川村（白川郷《しらかわごう》）

茅葺きの古民家群で有名な世界文化遺産。ＳＮＳのテーマは、**「日本らしさを感じる、日常の何気ない景色」**。

観光地でありながら観光よりも「日常」を意識した画像を掲載しているのが特徴です。

さらにインスタグラムを入り口にして、そこから白川郷のプロモーションＹｏｕＴｕｂｅビデオ（英語、中国語にも対応）の視聴へ誘導するなどのインバウンド用の仕組みづくりも行っており、**外国人目線を意識した内容**となっています。

★墨田区公式外国人観光アンバサダー

このＳＮＳの特徴は、インバウンド施策として、区内在住外国人のインフルエンサーを**「墨田区公式外国人アンバサダー」**として10人起用していること。出身国も年齢も異なる

横浜市 @findyouryokohama_japan

岐阜県白川村（白川郷）@shirakawa_go

墨田区公式外国人観光アンバサダー（フランス人）
@chapeanthony

メンバーが独自の視点で墨田区の魅力を切り取り、画像や動画を発信しています。外国人ならではの視線で発掘したグルメや観光スポットの魅力をその国の言葉でPRするなど、日本を代表する浮世絵師・葛飾北斎を生んだ地域らしく、**一歩進んだインバウンド対策がなされたSNS戦略**といえます。

Question 44

「インバウンド」を狙ったSNS戦略のポイントは？「国内向けPR」と何が違うのですか？

A

訪日旅行者のニーズをよく把握して、「ピンポイント」で情報発信していくことが肝になります。

「地方創生4・0」の大きな柱であるインバウンド獲得のために、SNSをどう利用すればいいのでしょうか？

それを考えるために、**訪日外国人旅行者のニーズを検証**しておきましょう。

◆外国人旅行者のニーズ1～3位は「日本のどこにでもあるもの」

「訪日旅行で体験したいこと、体験したこと」のアンケート（図11上）では、1位から3位に、

「自然や風景の見物」
「桜の観賞」
「伝統的日本料理」

があがります。この3つは「体験したい項目」でも「体験した項目」でも高得点をあげています。

それより下位には「温泉への入浴」や「世界遺産の見物」「繁華街の街歩き」「遊園地やテーマパーク」といったコンテンツがあがっているのですが、**トップ3には「日本の田舎ならどこでもあるもの」**があがっていることに注目してください。

「うちの自治体には温泉も、世界遺産も、繁華街（銀座、秋葉原など）もない。遊園地

図11　外国人旅行者の訪日理由と滞在日数

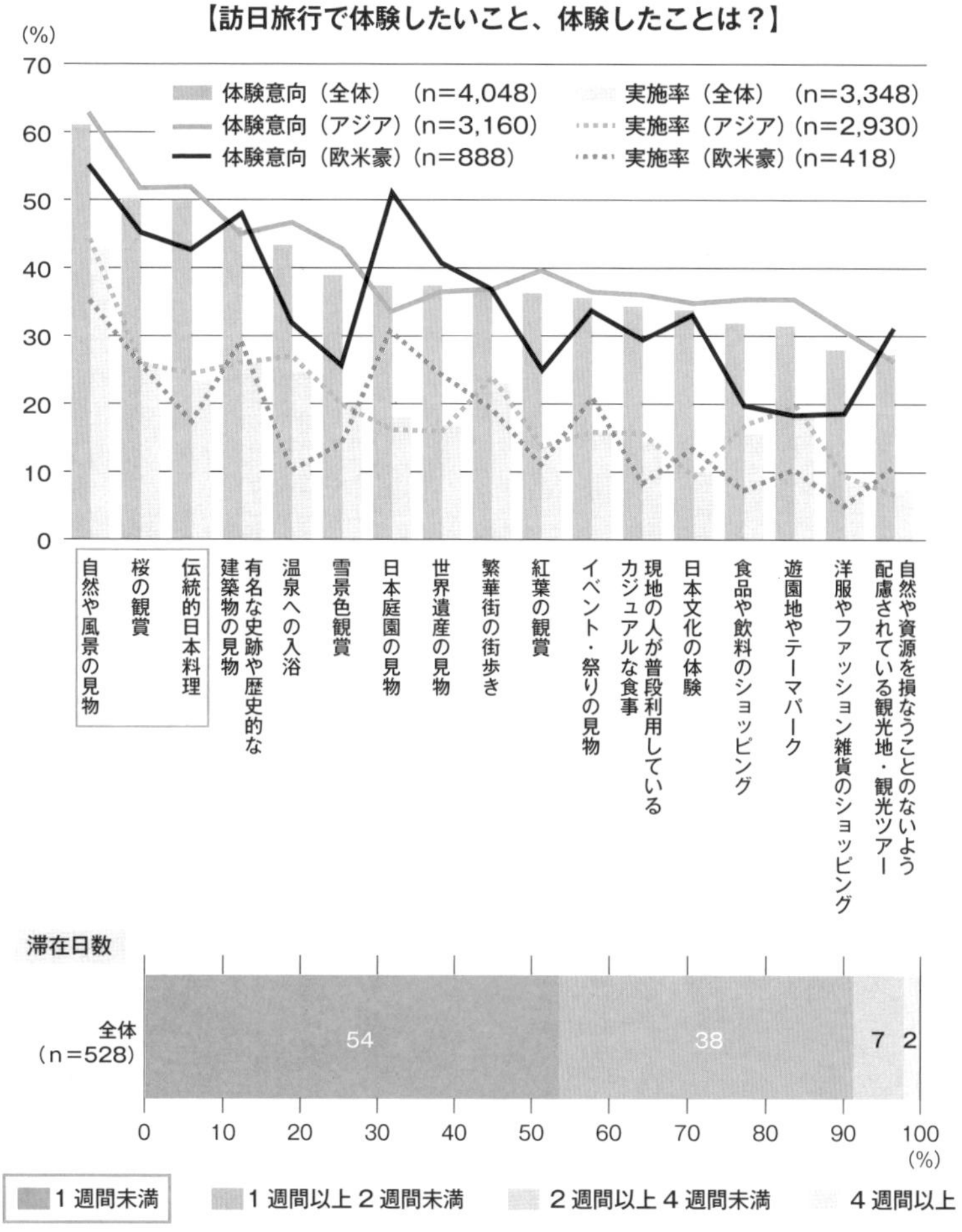

滞在日数は、1週間未満が最も多い

出所：日本政策投資銀行、日本交通公社「DBJ・JTBF アジア・欧米豪 訪日外国人旅行者の意向調査 2023年度版」より（一部抜粋、改変）

もテーマパークもない。だからインバウンドは期待できない」というのが従来の地方自治体の嘆きでした。

けれど、このデータを見れば、

「うちの自治体にも自然ならある」（たくさんある）
「桜もある」（たいていの自治体にはローカルな桜の名所があります）
「伝統料理はある」（どこにでも郷土料理や地元の食材はあります）

というように、思考をシフトすることができます。

Q41でも述べましたが、そういう**ローカルなコンテンツを最近のインバウンドは求めている**のです。「うちは何もないからダメだ」とあきらめる必要はまったくありません。**SNSで堂々と、「ローカルな自然、桜、伝統料理」を訴えれば、インバウンドにヒットする**ことになります。

◆長期滞在になるほど「日本の地方」が人気に

さらに滞在日数を調べてみると、図11下のグラフのようになります。

1位は「1週間未満」が約5割ですが、2位は「1週間以上2週間未満」が38％、3位は「2週間以上4週間未満」が7％です。つまり2位と3位をあわせると「1週間以上の滞在者」が45％です。

国内旅行者に比べると、圧倒的に「長期滞在者が多い」ということがわかります。

また、図12の「訪日外国人旅行者の地方訪問意欲」を見ても、次のように富裕層ほど意欲が高いことがわかります。

- **訪日旅行経験者（リピーター）の地方訪問意欲はアジアで93％、欧米豪で87％と非常に高い傾向にある**
- 収入層別に見ると、アジア・欧米豪ともに地方訪問意欲は富裕層が多い傾向があるので、**地方においても一定の消費行動が期待される**

図12　訪日外国人旅行者の地方訪問意欲

【訪日外国人旅行者の地方訪問意向（国別／収入別）】

訪日旅行希望者かつ訪日旅行経験者：地方訪問意向（回答は１つ）
（「今後もぜひ旅行したい」または「今後も機会があれば旅行したい」と回答した割合）

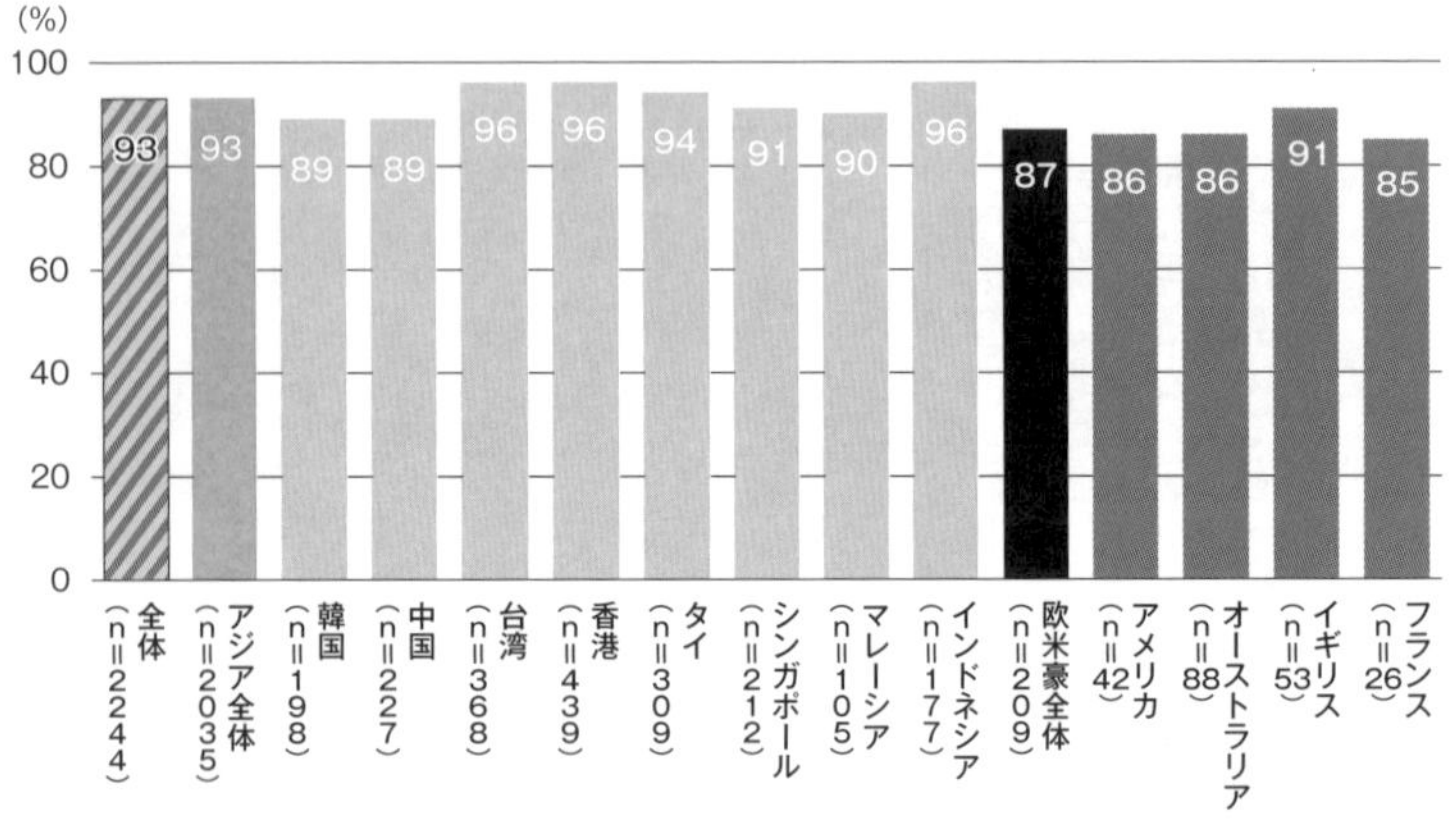

訪日旅行希望者かつ訪日旅行経験者：地方訪問意向（収入層別）
地方訪問意向ありは「今後もぜひ旅行したい」または「今後も機会があれば旅行したい」と回答した人
地方訪問意向なしは「今後はあまり旅行したいと思わない」または「今後は旅行しないと思う」と回答した人

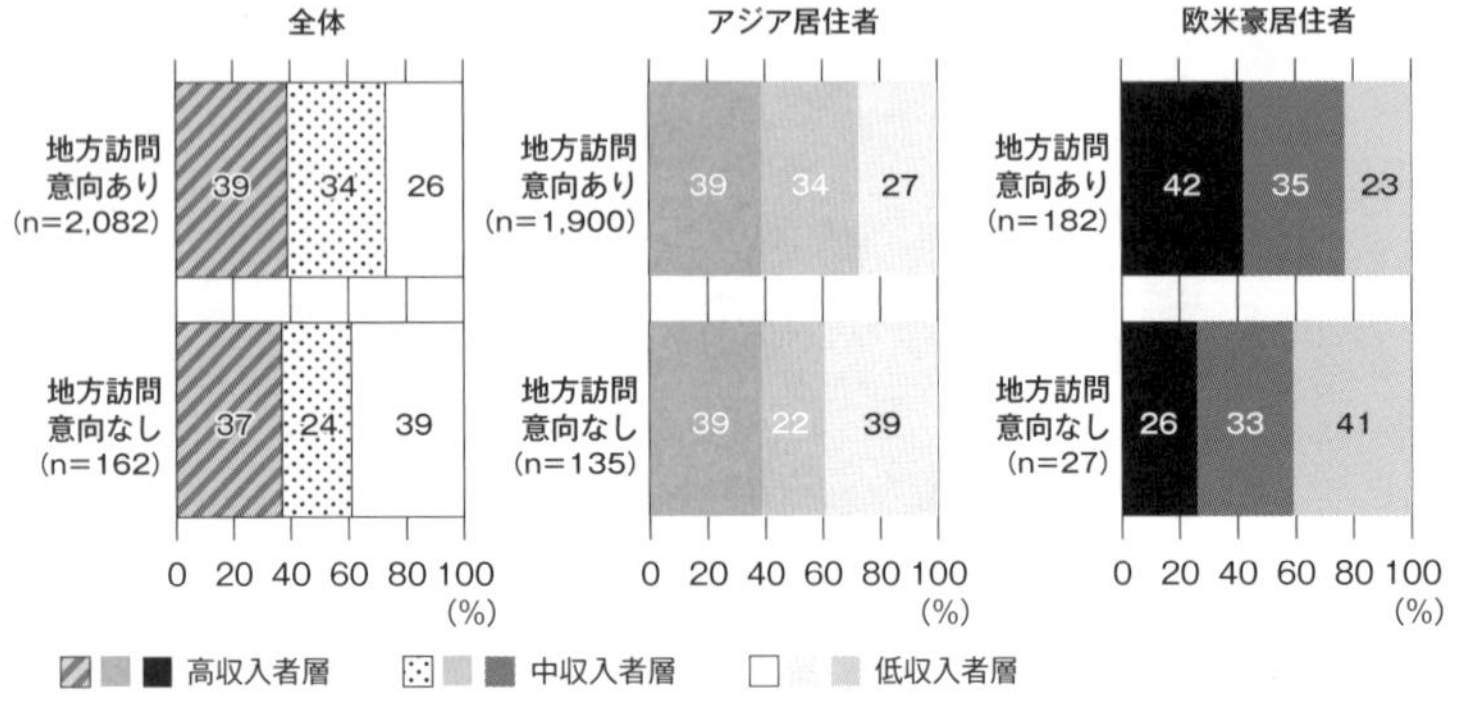

出所：日本政策投資銀行、日本交通公社「DBJ・JTBF アジア・欧米豪 訪日外国人旅行者の意向調査 2023年度版」より

図13　ユーザーの動向とSNSを活用したPRの成功ポイント

・外国人旅行者の日本の地方観光地への訪問意欲は高い！
・そこにしかない地方ならではの“地域資源”を活かし、
地方エリアへの来訪と長期滞在につなげるための情報発信が必須

PRポイント1

**訪日外国人旅行者は、
地方で体験できる
アクティビティを求めている！**

アクティビティ例
・自然や風景の見物
・桜・紅葉・雪景色の見物
・伝統的日本料理の食体験
・繁華街の街歩き体験
・史跡や歴史的建造物・日本庭園の見学
・温泉への入浴体験　など

実際の日本観光が
体験できるPR動画

PRポイント2

**訪日外国人旅行者は、
日本ならではの自然や風景、
食文化に高い関心がある！**

訪日目的のテーマ
・日本料理・グルメ
・日本文化・アニメ・ゲーム
・日本の自然・風景
・日本でのショッピング
（洋服・ファッション雑貨など）
・日本の温泉

各国ならではの
日本に対する視点で
“日本らしさ”をアピール

◆訪日外国人旅行者への「ＳＮＳ訴求ポイント」とは？

これらのデータから導き出されるＳＮＳでのＰＲポイントをまとめると、図13のようになります。

さらに、長期滞在につなげるためには、次の「2つのステップ」が重要になります。

〈ステップ①〉そこにしかない地方ならではの「地域資源（自然、桜、伝統料理など）」や「アクティビティ」の情報をＳＮＳなどで発信する
〈ステップ②〉長期滞在につなげる

ための情報発信をする
↓ゲストハウス、キャンプ場、古民家民宿、農家民宿など

外国人の日本の地方への訪問意欲は非常に高く、いわゆる「僻地」と呼ばれるような場所でも、**日本らしい魅力的なコンテンツさえあれば、SNSなどを活用するなどしてインバウンド需要が大いに見込める**でしょう。

Question 45

超高齢化、少子化、人口減少、過疎化……。問題が山積みですが、これからの日本の地方創生に明るい未来は見出せますか？

A

「地方創生4・0」は、日本のどこにでも成功のチャンスがあります。

このように「地方創生4・0」を考えていくと、いま人口減少や若者の流出、中心市街地の空洞化などに悩んでいる日本の**「地方、田舎」のどこにでもチャンスがある**ことがご

理解いただけると思います。

「何もない」と思っている場所でも、グローバルな視点で見れば、新たな発見やそこにしかない魅力が眠っているかもしれません。

そういう意味では、「日本全国どこにでも地方創生のチャンスがある」のです。

とくに名所旧跡はなくてもいい。東京や京都、富士山、北海道のような有名観光地でなくてもいい。温泉すらなくてもいい。

その地域の独自性、歴史性、個性に立脚したローカルコンテンツを発掘して、SNSなどを駆使して、そこを徹底的に攻めて（PRして）いけばいいのです。

「そこにしかない」魅力を発掘できたら、そこに**海外の視点を合わせることで、地域は新たな魅力を纏う**ことになります。

さらに、**アニメやゲーム、料理人とのコラボレーションなど、民間企業のアイデアも追加して、官民一体となり、ほかにはないそのまち独自のコンテンツを生み出す**ことです。

海外から見ると、日本は東京、京都、富士山など、よほど有名な観光地以外はどこも横並び。皆それぞれの魅力をもった「地方」です。

あとは**「どの部分を切り取って、どう情報発信するか」だけの違い**です。

お互いに知恵を絞る時代がやってきたのです。

言い換えれば、これからの地方創生は「アイデア次第で勝敗が決まる」ともいえるでしょう。

第5章まとめ

- ☑ 国内旅行者向けには、ニッチな情報（とくにグルメ情報）を発信していくことが大切
- ☑ インバウンドは日本の「田舎」に魅力を感じているので、日本の「地方、田舎」のどこにでもチャンスがある
- ☑ 名所旧跡や有名観光地でなくても、その地域の独自性、歴史性、個性に立脚したローカルコンテンツを発掘してＰＲすることが成功への道
- ☑ これからの地方創生は、新たな視点で地方の魅力を再発見し、どの部分を切り取ってどう情報発信するかが重要

おわりに

「地方創生」を株式会社イマクリエのビジネスの柱のひとつとしてから、約4年が経ちました。

この間、弊社のビジネスモデルも大きく変化し、またテレワーカーとして弊社に所属している人のスキルも多彩になり、その居住地も世界に広がりました。

こんなに大きな変化を迎えられたのも、**「デジタル」という技術の力**だと思っています。

世界の先進国に比べて日本のデジタル化は遅れていると言われていますが、コロナ禍を機に、日本の最重要課題である地方創生のためにも、この**DX（デジタルトランスフォーメーション）の流れを加速させていかなければならない**と感じています。

テレワークに特化することで、働き方も大きく変わりました。

地方在住で農業やほかの職業をもちながら、テレワーカーとして活躍している人もいます。

ひとつのプロジェクトを日本のスタッフが手がけたあと、ヨーロッパのスタッフが引き継ぎ、さらに8時間後にはアメリカのスタッフがこれを引き継いで完成させる、というような働き方も可能になりました。

そんな**弊社の変化を日本中に展開して、疲弊する地方を活性化したい**。

それが私たちの願いであり課題となっています。

とはいえ、日本中の地方自治体と仕事をしていて思うこともあります。

それは、この**地方創生の動きにはタイムリミットがある**ということです。

このままのペースで高齢化が進むと、日本中の自治体で高齢化率が50％を超えるところが増えていきます。

そうなると、まちを変えて活性化することが人々にとっての幸せなのか、もはや変えないほうが幸せなのか。その判断が変わってくるとも思うのです。

その意味でこの**地方創生の動きは、ここ5年間くらいが勝負どころではないか**と感じます。

それまでに**次の日本の国づくりのビジョンが定まらなければ、この国の未来は本当になくなってしまうのではないか**。

そうならないためにも、**各自治体の再生計画をしっかりと立てて、海外を含めてPRしていかなければならない**と、改めて思うのです。

日本国内の視点で見ると、すべては**東京一極集中**となっています。けれど**世界的に見れば東京はひとつの田舎であり、世界にはそれぞれの分野でもっと「人」「カネ」「仕事」「モノ」「情報」が集まるセンターがあります。そこと地方をダイレクトにつなげば、ダイナミックな流れを呼び込むことができる**――それが本書の最後に述べた**「地方創生４・０」の動きにつながってくるのではないか**と、私は考えています。

また、現在の地方自治体の現場では、**人手不足や働き方改革の必要性**が叫ばれています。霞が関では地方分権が語られ、どんどん仕事は中央から地方へ降ってきています。けれど自治体は予算が減少するので、職員数も減り、人員を増強することはできません。このままでは疲弊する地方は行政から潰れてしまいます。**いまこそ地方自治体での生成型ＡＩ登場のタイミング**です。

ここ数年、地方自治体のＤＸ化や働き方改革のアドバイスを求められることが増えたのですが、**生成型ＡＩも含めて最先端のデジタル技術を推奨して、自治体改革も進めたい**と考えています。なぜなら、すべての業務が文章化されている自治体業務は、じつは生成型ＡＩの活用に適しているからです。

本書で語ってきたように、**地方創生は「日本創生」に他なりません。**

日本の未来は、全国に約１７００ある自治体一つひとつの再生にかかっています。

本書を読んでくださるのは地方自治体の職員の方が中心だとは思いますが、地方創生を学ぶ学生さんや指導教授、全国の商工会議所の職員の方、地域おこし協力隊のみなさん、地方創生に携わる企業の方など、さまざまな方がいらっしゃるはずです。

そういうすべての方を含めて、**地方創生は日本国民全員でやっていくべきもの**です。**国民一人ひとりの課題**なのです。

本書で得たヒントをきっかけに、智恵を出し合い、協力し合って、地方創生を、日本創生を進めていく。そんな時代が始まればうれしく思います。

日本人全員で、この変革の時代を乗り越えていきましょう。

ありがとうございました。

２０２４年　春

鈴木信吾

【著者紹介】

鈴木信吾（すずき　しんご）

株式会社イマクリエ代表取締役。

1978年、神奈川県生まれ。青山学院大学経営学部卒業。

大学卒業後に自動車部品メーカーに入社し、営業職で働き始める。入社２年目で石川県金沢市に転勤。そこに住み、働くことで「地方と東京の格差」に気づくとともに、「地方ならではの魅力・潜在力」を発見する。その後、コンサルティング会社に転職。50社以上の地方企業の経営企画や営業・採用・DX戦略に携わることで、「地方で勝てる企業、勝てない企業」の両方を知る。

このノウハウを活かし、2007年にイマクリエを創業。地方企業や地方自治体のサポートを本格的にスタートし、テレワークを活用した雇用創出・企業誘致などの地方創生支援事業を行うほか、企業向けにテレワークを活用したアウトソーシング事業を展開する。

東日本大震災を機に「家で仕事ができるテレワーク」の重要性を実感し、社員全員がフルリモートで働く「完全テレワーク」を自社で導入。同時に地方でも「東京の仕事ができるテレワーカー」を募集したところ優秀な人材が多数集まることを知り、研修などによって３年間で2000人以上のテレワーカーを育て、全国に展開。都市部の企業と地方自治体をつなげる活動をしている。

企業、自治体、NPO、テレワーカーなど１万人以上の関係者と関わる中で「地域で雇用を増やしたい」「地元に残り、子育てしながら働きたい」という自治体のニーズを知り、「内容も報酬も魅力的な仕事を地方につくる」ことをミッションとする。

「地域の魅力を発信するSNSの活用」や「インバウンドを増やす訪日外国人向けのPR支援」などの依頼も多い。サポートした自治体では「移住者が急増した」「企業誘致が決まった」「地元にいながら東京並みの報酬の仕事が増えた」などの声が多数寄せられ、その地域ならではの「地に足のついた提案」で好評を博している。

2022年度「地方創生テレワークアワード 地方創生担当大臣賞」「テレワーク先駆者百選 総務大臣賞」を受賞。

趣味は、山登り、史跡めぐり、地方サウナめぐり。年に200日近くを地方で過ごしている。

日本一わかりやすい地方創生の教科書

全く新しい45の新手法&新常識

2024年4月9日発行

著　者――鈴木信吾

発行者――田北浩章

発行所――東洋経済新報社

〒103-8345　東京都中央区日本橋本石町 1-2-1

電話＝東洋経済コールセンター　03(6386)1040

https://toyokeizai.net/

装　丁………金井久幸（TwoThree）

ＤＴＰ………アイランドコレクション

編集協力……神山典士

進行協力……小林朋子（イマクリエ）

印　刷………ベクトル印刷

製　本………ナショナル製本

イラスト………上田惣子

校　正………加藤義廣／佐藤真由美

編集担当……中里有吾／田中順子

©2024 Suzuki Shingo　Printed in Japan　ISBN 978-4-492-21258-5